Keine Angst
vor Wein

Für Claudia Henninger
Als Dank für deine unermüdliche Unterstützung, ohne die meine Arbeit nicht möglich wäre

Fabian Lange

Und außerdem ein Dank an Rolf Mehnert und Chris Steurer für ihre zahllosen Ideen

Cornelius Lange, Fabian Lange

Keine Angst vor Wein

**Die ultimativen Insidertipps
für Ein-, Um- und Aussteiger**

 Hallwag

1

2

3

4

5

6

7

8

9

10

11

12

13

Der Urknall
Wege zum Wein

– – – – – –

Feuchte Hände, Schweißausbrüche, Herzrasen. Diagnose: Regalparanoia. Mit dieser schrecklichen Zivilisationskrankheit haben wir jahrelang gekämpft. Niemand konnte uns helfen.

Kommen Ihnen diese Symptome bekannt vor? Wir jedenfalls kennen das *Lost-in-space*-Gefühl ganz genau, wenn man im Universum der Supermarktregalreihen verloren zu gehen droht wie eine aus der Erdumlaufbahn geratene Raumfähre, deren Funkverbindung plötzlich abreißt: „Houston! Wir haben ein Pr...bl... *knacks!*"

Regalparanoia

Moderne Zivilisationskrankheit, durch unübersichtliche Produktvielfalt ausgelöst. Symptome: trippelnde Tanzschritte zwischen den Regalen mit orthopädisch bedenklicher Kopfhaltung.

Vielleicht war es der Geiz. Wir haben immer nur die billigste Flasche gekauft und ausgetrunken, dann kam die nächste an die Reihe. Dann die nächste. Immer eine andere. Wir haben geglaubt, dass sie irgendwann schon kommen wird, die richtige, die vollkommene, die einzig wahre Flasche Wein.

Aber wissen Sie was? Sie ist nicht gekommen.

Jedenfalls nicht auf diese Weise.

Im Tal der Ahnungslosen

Dieses *Schnellneflaschekaufen-wennesgeradebrennt* war natürlich ein Riesenfehler. Wir haben von der Hand in den Mund gelebt und unsere Weinbedürfnisse nur oberflächlich befriedigt. Ständig fürchteten wir, schlechten Wein zu trinken, ohne es zu wissen. Schlimmer war nur noch unsere Angst, guten Wein für schlecht zu halten. So haben wir in der ständigen Ungewissheit dahinvegetiert, mit unserem Urteil falsch zu liegen – und irgendwann gar nichts mehr gesagt. Vor allem in der Gegenwart von Leuten, die Ahnung hatten. Oder von denen wir annahmen, sie hätten welche.

Wir haben erst vor acht Jahren begonnen, uns ernsthaft mit Wein zu beschäftigen. Die Versuche davor waren zwar nicht ernsthaft, aber oft genug zogen sie ernsthafte Konsequenzen nach sich. Zum Beispiel für Cornelius bei Michael Birnbaums 17. Geburtstag. Es war seine erste richtige Fete – mit Schnittchen auf dem Couchtisch. Wir tranken Bowle, Bier und – Filou rouge. Alles musste schnell gehen, Michaels Eltern konnten ja jeden Augenblick zurückkommen. Nach ein paar Bier kam der Rote an die Reihe.

Was auf dem Heimweg geschah, ist bis heute nur fragmentarisch in meine Erinnerung zurückgekehrt. Bis zur Polizeiwache in der Beethovenstraße lief wohl alles prima. Doch dann halfen mir nur noch die Gartenzäune weiter, an denen ich mich durch die Dunkelheit tastete. Vor dem Kindergarten passierte es. Ich ging zu Boden, *es* übermannte mich … Die letzten 200 Meter bis zum rettenden Bett absolvierte ich auf allen Vieren.

Initiationsritual

„Gestern nach der Matheklausur haben wir pro Mann 'ne Flasche Rosé d´Anjou gekippt. Gott, war mir schlecht!"

Der Wein spielte fortan eine unbedeutende Rolle. Bis auf die Tatsache, dass da Alkohol drin war, hatte uns das Getränk nicht viel zu sagen. Wein haben wir damals aus einem Pflichtgefühl heraus getrunken – eben um Wein zu trinken, weil man das beim Essen nun mal so macht.

Am Herd verfeinerten wir unseren Stil über Jahre hinweg – dabei war die wichtigste Station unsere Teilnahme an Wolfram Siebecks Kochwettbewerb „Wenn Gäste kommen" in der „Zeit". Immerhin Platz 2. Kochen konnten wir also. Wir investierten unser Geld in die Beschaffung der Lebensmittel. Was nach dem Einkauf noch übrig war, floss in den Wein. Wir haben damals viel Edelzwicker aus der Literflasche ausgeschenkt. Doch irgendwann fingen unsere Gäste an, sich ihren eigenen Wein mitzubringen. Dabei hatten wir alles getan, um sie glücklich zu machen, und bei Penny vom Besten eingekauft. Das war einfach und zudem praktisch, schließlich sparten wir dabei.

Zugegeben, der Wein war für uns nur ein notwendiges Übel. 10 Mark für ein bisschen Schlabberwasser? Eine horrende Summe! 2,99 mussten reichen und wir waren überzeugt, unser Geld in dieser Preiskategorie vernünftig angelegt zu haben. Natürlich war die Auswahl nicht besonders groß und meistens entschieden wir uns für die am schönsten ausgestattete Flasche – also für das größte Übel: Orvieto Classico, Frascati oder Chianti. Zur Not tat es auch ein Tetrapak. (Manchmal dekantierten wir den Wein effektvoll in Karaffen – dafür reichte unser Stilempfinden.)

Zombieweine
Lebende Weinleichen, die nicht nur bei Vollmond die Regale der Hard-Discounter verstopfen.

Nachdem wir uns bis 5 Mark raufprobiert hatten, meinten wir, dass alle Weine gleich schmecken: neutral, sauer und immer so … irgendwie merkwürdig eben. Alle Versuche, unsere Erfahrungen durch einzelne Ausreißer nach oben zu erweitern – mal mit Mouton-Cadet für 7 Mark 99 (so eine schöne Flasche!) oder Chablis für 9,99 (so ein schönes Etikett!) –, bestätigten uns nur in einem: Das Zeug schmeckte genauso hohl und merkwürdig wie der Classico. Das war die Discounter-Phase.

Wir trieben weiter übers Weinmeer, den Stürmen schutzlos ausgesetzt. Der Kahn unserer Unwissenheit wurde von den Wellen hin und her geworfen. Doch eines Tages knirschte es mächtig und unsere Nussschale lief auf eine Kiesbank bei Bordeaux. Die Kaufhausphase begann.

Dort empfing uns ein Rotwein mit dem Namen Château Balan für 8 Mark 99. Er lag in einem verlockend mit Stroh ausstaffierten Weidenkorb, nur einen knappen halben Meter vom Mouton-Rothschild für brutale 99,90 entfernt. Allein dessen Nähe reichte aus, um den Balan so zu erhöhen, dass wir von unserem schmalen Studentensalär 5 Mark mehr als üblich locker machten. Aber der Balan brachte es irgendwie auch nicht.

Gott sei Dank befand sich zwei Regale weiter die Insel der Glückseligen. Spanien wurde zu unserem gelobten Land. Es dauerte zwar einige Zeit, bis wir Rioja richtig aussprechen konnten und herausfanden, dass es sich dabei nicht um eine Rebsorte handelt. Die Pullen machten in Studentenkreisen eine Menge her. Einige von ihnen waren unvorstellbar alt, über sechs Jahre. Und wir konnten sie uns leisten – ganz ohne Schufa-Prüfung! Außerdem trugen sie diese bizarren Drahtnetzschleier, deren Sinn wir nicht kannten – sehr geheimnisvoll. Es hatte bestimmt mit dem Alter der Flaschen zu tun, orakelten wir. Aber auf Dauer waren sie auch nicht das Gelbe vom Ei. Also haben wir unseren Kahn wieder flottgemacht und sind zu neuen Ufern aufgebrochen. Wir fühlten uns reif genug für einen Weinladen.

Drinnen war alles superschick: effektvoll gesetztes Halogenlicht, Holzregale bis unter die Decke, goldene Etiketten mit großen Wappen, jede Menge Accessoires. Der Puls schlug uns bis an den Hals und unsere Gesichter bekamen Hektikflecken von Weiß bis Purpur. Und dann kam sie, die unvermeidliche Frage: *„Kannichihnenhelfensuchensiewasbestimmtes?"*

Auweia! Wir hatten von Tuten und Blasen keine Ahnung und der Mann da vor uns hatte uns mit seinem Verkäuferinstinkt natürlich sofort durchschaut: *„Dieseristschönunddieseristschönunddieseristauchsehrschön."* Plötzlich sehnten wir uns zurück zwischen die Pennyregale. Dort, in der Anonymität, waren wir mit unserer Unwissenheit allein. Hier gehörten wir ihm und er konnte mit uns machen, was er wollte …

Wir entschieden uns für die am schönsten ausgestattete Flasche in unserem Preissegment – also für den schlechtesten Wein. Wir wissen nicht mehr, was es war, aber es war unwichtig, denn wir hatten immer noch nichts kapiert. So endete unsere Weinhändler-Phase.

Die Gezeiten spülten unsere Schaluppe in ein Weindepot am Stadtrand, dorthin, wo sich Autowaschanlagen, Cash-and-Carry-Märkte und Drive-Thrus aneinander reihen. In der riesengroßen Halle standen reihenweise Europaletten mit offenen Kartons herum, durch die wir unseren Einkaufswagen mit besonders tief liegender Ladefläche schoben. Wie bei Ikea. Der Laden gab uns das sichere Gefühl, günstiger und besser als sonst irgendwo einkaufen zu können. Direktverkauf, kein Zwischenhandel! Fast alle Weine konnten wir beliebig rauf und runter probieren, von Land zu Land, von Kontinent zu Kontinent – was wir mit Vergnügen taten. Dass die Flaschen oft tagelang offen herumstanden, ahnten wir nicht. Für solche Gedanken war in unserer begrenzten Weinwelt damals noch kein Platz. Ab und zu sauste ein Gabelstapler mit einer Ladung Wein an unseren Füßen vorbei. In der Lagerhalle wurde nicht viel geredet, dafür umso mehr gekauft. Als wir mit sechs Flaschen an der Kasse aufkreuzten, fühlten wir die abschätzigen Blicke des Personals. *Was wollen die denn hier?*

Im sicheren Hafen

Österreich, Burgenland, Rust. Der Neusiedlersee war mit einer dicken Eisschicht bedeckt. Klirrende Kälte. An Neujahrsfischen war überhaupt nicht zu denken, trotzdem feierten die Einheimischen nach Kräften und wärmten sich an einigen mit glühenden Kohlen gefüllten Ölfässern. Ein dürftig aus Baustahl zusammengeschweißter Würstchengrill stand umringt von einer Traube hungriger, von der Silvesternacht noch übel verkaterter Gäste auf dem gefrorenen Boden. Darauf brutzelte eine Reihe schwarzer Blutwürste, von denen wir uns welche kauften und sie zu einem der Holztische mitten auf der Uferwiese balancierten. Die Fässer wärmten uns den Rücken und wir versuchten, die unvergleichlich lockere Blutwurstfüllung ohne größere Transportverluste in den Mund zu befördern. Da schob uns ein gegenübersitzender Einheimischer zwei Gläser Süßwein rüber. Und plötzlich strahlte uns die Sonne entgegen: warm, funkelnd, bernsteinfarben. Die winterliche Tristesse verwandelte sich schlagartig in flüssiges Gelbgold, als der Wein unsere Lippen berührte. Das war der Urknall.

→ **Schützen Sie sich vor Regalparanoia: Lesen Sie dreimal täglich 20 Seiten *Keine Angst vor Wein***

Aller Anfang ist leicht
Wein ist ein Gefühl

_ _ _ _ _ _

„Ich bin kein Weinkenner. Ich versteh ja nichts davon."

So lauteten viele Jahre lang unsere Standardausrede, wenn uns irgendwelche Typen was vom Wein vorschwärmten und sich mit ihrem Spezialwissen vor uns aufplusterten. Eigentlich war dieses Bekenntnis eine Kapitulationserklärung. Wehrlos ergaben wir uns unserem Schicksal.

„Vom Wein habe ich keine Ahnung. Ich trinke, was mir schmeckt."

Mit diesem Satz begannen wir irgendwann zurückzuschlagen, als wir die Schnauze voll hatten von den Wichtigtuern. Es war ein erster zaghafter Schritt in eine bessere Zukunft. Aber im Grunde genommen war diese Aussage nur eine kugelsichere Weste, um irgendwie im Feuerhagel der Argumente zu überleben.

Weinphobie
Angst unter Zivilisationsneurotikern: Bei gutem Wein befürchten sie, ihn nicht als solchen zu erkennen, bei schlechtem haben sie Angst, ihn für gut zu halten.

Vielleicht kommen Ihnen unsere Erfahrungen bekannt vor. Jedenfalls begegnen uns immer wieder Menschen, die es sich auf dieser Insel namens *Ich-trinke-was-mir-schmeckt* seit langem bequem gemacht haben. Wenn Sie wissen wollen, was Sie tun müssen, um guten von schlechtem Wein zu unterscheiden und mehr Spaß beim Weintrinken zu haben, raten wir Ihnen: Trinken Sie, was Ihnen schmeckt – probieren Sie so viel wie möglich aus, je mehr, desto besser. Aber reden Sie sich dabei bitte nicht ein, jeder Wein wäre a priori gut, denn das ist die große Gefahr, die hinter dieser Haltung lauert.

Also:
– Vertrauen Sie Ihrem eigenen Geschmack, trinken Sie, was Ihnen schmeckt
– Aber geben Sie sich niemals zufrieden, es gibt immer noch eine Steigerung

Den ersten Punkt befolgen praktisch alle, ist ja auch ein Kinderspiel. Der zweite ist aber viel wichtiger und trotzdem beherzigen ihn nur wenige. Die Folge: Stillstand macht sich breit, Langeweile und Selbstgefälligkeit. Oder Frustration.

Planwirtschaft

Wie viele verschiedene Weine trinken Sie im Monat? Vier? Tut uns Leid, aber damit kommen Sie nicht weit. Probieren Sie so viel wie möglich aus, öffnen Sie mehr als eine Flasche gleichzeitig und vergleichen Sie. Verlangen Sie sich das Äußerste ab, holen Sie das Letzte aus sich heraus, mobilisieren Sie Kraftreserven! Wenn Sie optimal austrainiert sind, schaffen Sie im Monatsdurchschnitt locker zehn Weine. Wenn Ihr Konsum diese magische Schallmauer erst einmal durchbrochen hat, dann sind Sie auf Erfolgskurs. Jetzt müssen Sie nur noch daran arbeiten, mehr zu kaufen, als Sie verbrauchen.

Wer den Wein allerdings nach Schema F einkauft, nach Liste und Fünfjahresplan, der kellert Langeweile ein. Das ist dann wie Schießer-Doppelripp. Wir zum Beispiel kaufen unseren Wein bei mehr als einem Händler und bei mehr als einem Winzer. Und wir trinken Wein aus mehr als einer Region. Das macht einfach mehr Spaß.

Gerne möchten wir Ihnen einen zeitaufwändigen und teuren Umweg ersparen. Es hat keinen Sinn, Billigware zu kaufen, egal, wie verlockend das Angebot auch sein mag. 2 Euro für eine Flasche Supermarktwein, das klingt im ersten Augenblick verheißungsvoll, ist aber ein Horrortrip, von dem viele nicht mehr zurückkehren.

Reichweite

„Obwohl es schon 15 Jahre her ist, kann ich mich noch genau an den Geschmack dieses Wahnsinnsweins erinnern."

Wenn ein Wein für 2 bis 3 Euro an den Mann gebracht werden soll, dann bleiben abzüglich Mehrwertsteuer, Handelsspanne, Transport- und Verpackungskosten, Flasche, Korken und Etikett – wohlwollend gerechnet – allenfalls noch 50 Cent für den Wein in der Flasche übrig. Es sei nur am Rande erwähnt, dass Weine mit Verkaufspreisen von 2 Euro oder weniger keine Ausnahme sind.

Wir ersparen Ihnen und uns jetzt vorzurechnen, wie viel so ein Wein netto kostet.

UKW

Ultra-Kurzzeitgedächtnis-Wein. Weine mit extrem kurzer Reichweite: „Kevin, schenk mir noch mal nach – ich kann mich beim besten Willen nicht mehr daran erinnern, wie der Wein eben geschmeckt hat."

Kein Wunder also, dass Billigweine keine Leistung haben – keine *Reichweite*, wie wir es nennen. Wenn wir Reichweite mit ein paar Sätzen charakterisieren, dann hört sich die Definition etwa so an:

– Je länger wir uns an einen Wein erinnern, desto größer ist seine Reichweite
– Je größer die Reichweite, desto besser ist der Wein

ÜBUNG 01   *Denken Sie an den letzten Wein, den Sie getrunken haben. Können Sie sich noch erinnern, wie er Ihnen geschmeckt hat?*

Denken Sie nun an den besten Wein, den Sie bisher getrunken haben – wie lange ist das her?

Die Erinnerungsleistung von Billigweinen tendiert gegen Null, weil sie von Eleganz noch nie etwas gehört, geschweige denn abbekommen haben. Es sind anonyme, irgendwie zusammengeprügelte, weinähnliche Substanzen: sauer, brackig, hohl…

An wirklich guten Wein können Sie sich lange erinnern. Er hinterlässt Spuren in Ihrer Erinnerung. Solche Elixiere haben Reichweite.

Reichweite gibt es nicht auf Rezept. Dafür müssen Sie schon selbst aktiv werden, nur dann werden Sie Ihr Weinleben von Grund auf ändern – und wer was ändern will, muss wählen gehen.

Also wählen Sie (0 63 41) 6 09 35 (oder eine andere der im Anhang angegebenen Telefonnummern). Tüüt, tüüt, tüüt... „Kessler, Weingut Münzberg, was kann ich für Sie tun?" Wahrscheinlich haben Sie jetzt Rainer oder Gunter an der Strippe und dürfen ihrem pfälzischen Akzent lauschen. Grüßen Sie die beiden herzlich von uns und bestellen Sie zum Beispiel 6 Flaschen Weißburgunder Kabinett trocken.

ÜBUNG 02

Solange Sie jetzt auf den Wein warten, können Sie Ihrem kalten Begleiter in allen Lebenslagen – Ihrem Kühlschrank – ein paar verschärfte Trainingseinheiten verpassen. Hand aufs Herz: Wie lange ist es her, dass der was Vernünftiges zu essen gesehen hat? Tun Sie ihm was Gutes. Darum besorgen Sie sich jetzt ein Suppenhuhn. Natürlich nicht so ein armseliges tiefgekühltes Ding, sondern einen echten Mistkratzer, der in seinem Leben frei herumpicken durfte und ein paar tausend Eier auf der Uhr hat. Das ist eine schwierige Aufgabe, viel schwieriger, als einfach nur zum Telefon zu greifen.

Wenn Sie also so ein Suppenhuhn aufgetrieben haben (am besten bei einem Biobauern), werden Ihrem Kühlschrank vor Freude die Tränen kommen. Und wenn Sie zwischendurch mal ein paar Minuten Zeit haben, holen Sie das Huhn heraus und nehmen einen großen Topf. Huhn rein, Wasser drauf, Salz dazu und zum Kochen bringen. Hitze runterschalten und nur noch ziehen lassen, ohne dass es blubbert. Nach 90 Minuten abstellen und kalt werden lassen. Huhn rausnehmen, Fleisch ablösen, Haut und Knochen wegwerfen, das Fleisch kühl stellen. Ein Kinderspiel. Die Brühe um zwei Drittel einkochen, einen Becher Sahne dazu. Weiter reduzieren. 2 Esslöffel Butter und 1 Esslöffel Mehl verkneten und mit einem Quirl in die siedende Brühe einrühren. Wenn alles sämig geworden ist, vom Feuer nehmen und mit Salz, Zucker, Cayennepfeffer und Zitronensaft abschmecken. Das Fleisch in die Flüssigkeit geben. Dazu Kartoffeln oder Reis und Karotten. Wir wünschen guten Appetit!

Was übrig bleibt, geben Sie in die Obhut Ihres kalten Begleiters. Holen Sie es wieder heraus, wenn der Weißburgunder Sie neugierig macht... Denken Sie an die kulinarischen Synergien. Laden Sie Ihre Freunde ein, denn genießen heißt teilen.

Warum wir in einem Buch über Wein ein Rezept für Hühnerfrikassee bringen? Wenn Sie wirklich etwas über Wein erfahren wollen, hat es keinen Sinn, ihn isoliert zu betrachten. Je schneller Sie akzeptieren, dass Wein mehr ist als nur ein Getränk, desto besser. Wein bringt erst dann richtig Spaß, wenn Sie das Essen als ebenso wichtig akzeptieren. Dann werden Sie seinen Mehrwert voll und ganz ausschöpfen. Und zwar vor allem zu Hause – nicht nur im Restaurant. Deshalb ist es wichtig, sich auch in der Küche auszukennen. Wer kochen und abschmecken, eigenhändig komponieren und arrangieren kann, der kann dem Wein viel schneller alle seine schönen Seiten abgewinnen. Der Umgang mit Aromen, Gewürzen und Zubereitungsmethoden bringt schnell Licht ins Dunkel – also keine Ausreden wie *Für so was hab ich doch keine Zeit!* und andere fadenscheinige Argumente, sondern ran an den Herd!

Wir kennen Leute, die haben einen handgeschmiedeten Rosenholzkorkenzieher für 300 Euro in der Samtschatulle, aber keinen vernünftigen Topf in der Küche, und in ihrer 2500 Euro teuren Kühlgefrierkombination nur Lättahochzwei, Albertopizza und Leerdamerlight, aber nichts zu essen.

→ Trinken Sie, was Ihnen schmeckt, aber geben Sie sich niemals zufrieden

→ Probieren Sie so viel Wein wie möglich

→ Ein guter Wein hat eine lange Reichweite

Schmecken kann jeder

Zunge, Nase, Kopf:
Wo, wie und was wir schmecken

– – – – – –

So, jetzt ist Ihr Weinpaket endlich da. Also die Flaschen kalt legen und noch ein bisschen weiterlesen, dann kann's losgehen.

Über den Geschmackssinn haben wir uns lange Zeit keine großen Gedanken gemacht. Wurst schmeckte wie Wurst, Käse wie Käse und Wein eben wie Wein. Auch Weinbücher, die wir in dem Glauben gekauft hatten, durch sie die entscheidenden Kniffe zu erfahren, konnten uns nicht richtig weiterhelfen. Wir waren überzeugt, dass Weinschmecken eine Art Zauberei ist, die man durch eine Mischung aus Tricks, Geschicklichkeit, schauspielerischem Talent und ein bisschen Büffeln lernen kann. Schließlich wollten wir es den anderen doch endlich zeigen, jenen, die sich vor uns aufgeplustert hatten wie die Uhus. Diese ganzen Typen!

Etikettentrinker
Lifestyle-Taktik, um gesellschaftliche Anerkennung zu gewinnen. Vermeidungsstrategie, sich nicht der Lächerlichkeit preiszugeben.

Begegnen Ihnen auch ständig Weinkenner, die schon alles vor dem Rohr hatten und damit rumprahlen wie die Großwildjäger? Meist versuchen sie einem die folgenden Bären aufzubinden:
- Wein ist wahnsinnig kompliziert
- Um Wein wirklich zu verstehen, braucht man ein Genussdiplom
- Weinkenner haben ein angeborenes Talent
- Nur wer jahrelang Wein getrunken hat, darf mitreden

Ganz schön arrogant. Aber glauben Sie diesen Leuten kein Wort, die wollen Sie nur einschüchtern. Um schmecken zu können, brauchen Sie weder ein besonderes Talent noch besonders viel Übung. Es gibt nur eine Wahrheit und die lautet: Jeder kann schmecken. Alles, was Sie dazu brauchen, tragen Sie bei sich: Mund, Nase, Kopf. Was Sie außerdem noch gut gebrauchen können, ist die Bereitschaft, intuitiv Ihre Meinung zu sagen. Mehr nicht.

Mehr Spaß mit Wein

Wahrscheinlich stellen Sie sich einen Weinkenner als selbstverliebten Schnösel mit viel Kohle vor. Meistens hat er ein Kommunikationsproblem (er fängt immer erst an zu reden, wenn er blau ist, aber dann hört er nicht mehr auf mit seinen Räuberpistolen). Seinen Unfehlbarkeitsanspruch untermauert er mit einem mundgeblasenen Spezial-Degustationsglas, das ihm dabei hilft, jeden Fehler im Wein zu outen: „Hinter der Frucht, da ist doch noch was … grüne Nüsse … und da … wusste ich's doch … hat sich

Marshmallow-Weine
Die Weinstilistik folgt den allgemeinen Ernährungstrends.

der Hauch flüchtige Säure versteckt! Grob fehlerhaft!" So enden viele, die nur Show machen und nichts kapiert haben. Wein ist mehr als Fehlersuche, glaubt es uns, Leute!

Und jetzt kommt, was ihr wirklich braucht, um gut aussehende, liebenswürdige, charmante, unwiderstehliche und demokratische Weinfreunde zu werden.

Öffnen Sie die Flasche Weißburgunder. Schenken Sie sich ein. Trinken Sie. Sagen Sie laut, wonach der Wein schmeckt – wonach auch immer.

ÜBUNG 03

Derselbe Wein, dasselbe Glas: Trinken Sie jetzt nicht. Schwenken Sie das Glas und riechen Sie lange. Riecht es frisch oder alt? Nach Früchten oder Kräutern? Feminin oder maskulin? Und was genau strömt Ihnen da noch entgegen? Zitrus, Vanille, Gebäck, Heu, Melone?

ÜBUNG 04

Jetzt dürfen Sie trinken, aber schlucken Sie den Wein nicht sofort, behalten Sie ihn ein paar Sekunden lang im Mund, spülen Sie ihn ein bisschen nach rechts und ein wenig nach links, dann nach vorne und nach hinten. Jetzt – endlich – dürfen Sie schlucken. Atmen Sie durch die Nase aus und machen Sie dabei mit geschlossenen Lippen leichte Kaubewegungen. Sie werden feststellen, dass der Wein intensiver schmeckt und länger.

Wenn Sie den Wein im Mund hin und her wälzen und dann hinunterschlucken, assoziieren Sie. Dabei kann es in Ihrem Kopf so turbulent zugehen, wie wenn bei Aldi Billigcomputer angeboten werden. Vielleicht gelingt es Ihnen, ein paar Assoziationen zu benennen. Bravo! Jetzt sind Sie ein echter, ein richtiger Weinkenner – aber kein Schnösel.

Die Zunge – ein Einfaltspinsel

Lange Zeit haben wir geglaubt, die Zunge sei die erste Instanz beim Schmecken und kein Wein komme an ihr vorbei. Das war natürlich ein Irrtum, denn sie ist ein richtiger Einfaltspinsel, weil sie nur vier verschiedene Geschmacksrichtungen voneinander unterscheiden kann: süß, sauer, salzig und bitter. Das ist nicht mehr als ein Pixel angesichts der Dimensionen unserer unerschöpflichen Geschmackswelt.

Riecht nicht nur gut – die Nase

Viel wichtiger als die Zunge ist die Nase – und genau deshalb sollte man vor dem Trinken zuerst am Wein riechen. Wer live erleben will, wie eingeschränkt wir wären, wenn wir bloß mit der Zunge schmecken könnten, braucht sich nur die Nase zuzuhalten. Dann ist es vorbei mit den feinen Geschmackswelten beim Wein. Dasselbe Phänomen werden Sie erleben, wenn Sie erkältet sind – dann können Sie nicht mal einen Schluck Normalbenzin von einem Rotwein unterscheiden. Warum? Weil Ihr Riechzentrum schachmatt gesetzt ist. Alle Geschmacksempfindungen, die über süß, sauer, salzig und bitter hinausgehen, werden hier wahrgenommen. Ob Früchte, Omas Kleiderschrank, Papas Socken, Nachbars Rasenmäher: Nur das Riechzentrum in unserer

Nasenhöhle nimmt die Aromen wahr, die wir mit der Luft einsaugen. Manche Menschen brauchen nur ein paar Moleküle, um einen Geruch zu definieren, andere nehmen ihn auch dann nicht wahr, wenn sie drin baden: Mutter Natur hat uns eben unterschiedlich gut ausgestattet. Von der geruchlich wahrnehmbaren Welt riechen wir nur das, was wir riechen *können* – nicht alles, was tatsächlich vorhanden ist.

Ihre Nase arbeitet nicht nur, wenn Sie ins Glas hineinschnuppern, sondern auch nachdem Sie geschluckt haben und die Geschmacksaromen durch die Nase ausatmen. Je bewusster Sie das tun, desto intensiver und differenzierter werden Sie Geschmack wahrnehmen. Tja, Leute, ein bisschen Mühe muss man sich beim Schmecken schon machen. Trotzdem: Verglichen mit Aalen, Hunden oder Nachtfaltern sind wir so gut wie geruchsblind.

Schmecken mit Köpfchen

Also schön, die Zunge kann nicht viel schmecken und unsere Nase nicht so gut riechen wie die eines Traubenwicklermännchens. Wie aber kann es dann sein, dass uns das Wasser im Munde zusammenläuft, wenn wir nach einem zwölfstündigen Gewaltmarsch ohne Verpflegung an einer Küche vorbeilaufen, in der gerade ein Hühnerfrikassee gekocht wird? Dafür ist das Riech- und Geschmackszentrum im Gehirn zuständig. Dorthin werden die gesamten Reize von Zunge und Nase via Nervenbahnen geleitet und lösen im Lust- und Geschmackszentrum Gefühle aus.

Komplexität
Handwerklich hergestellte Weine verloren am Ende des 20. Jahrhunderts immer mehr an Bedeutung: „Diesem Muskateller kann ich nichts abgewinnen. Er ist so... anders!"

Diese Gefühle sind, wenn man etwas genauer überlegt, eigentlich nichts anderes als Assoziationen, die wir im Laufe der Zeit als Erinnerungen abspeichern. Immer sind es Eindrücke, die wir bereits kennen. Deshalb schmeckt Apfel wie Apfel und Birne wie Birne. Uns sind Geruch und Geschmack von Apfel und Birne so vertraut, weil wir sie schon hundertfach gerochen und gegessen haben. Wir sind sogar in der Lage, uns den Geschmack und den Geruch eines Apfels oder einer Birne bloß vorzustellen.

ÜBUNG 05 *Stellen Sie sich vor, Sie sind auf einem Wochenmarkt und vor Ihnen steht eine Kiste frisch geernteter Boskoop-Äpfel. Denken Sie bitte auch an eine Kiste mit reifen, gelben Williamsbirnen.*

Obwohl sich diese Szene nur in Ihrer Vorstellung abspielt, wissen Sie genau, wie die Früchte riechen und schmecken. Es ist Ihre Erinnerung an den Duft und Geschmack von Äpfeln und Birnen, die in diesem Moment ausgelöst wird.

Wenn Sie einen Apfel essen, signalisiert Ihr Gehirn automatisch Apfel, es ist eine unmittelbare und unverwechselbare Empfindung. Es kann aber auch sein, dass Sie gleichzeitig noch andere Eindrücke empfinden, also assoziieren. Assoziationen können wenig oder gar nichts mit dem Gegenstand Apfel zu tun haben. Vielleicht denken Sie beispielsweise an Herbst oder an feuchte Wiesen oder den Geruch von Baumrinde – genau wie früher, wenn Sie auf einen Apfelbaum geklettert sind.

Die Signale von Zunge und Nase können also bereits bekannte Eindrücke bestätigen: Apfel schmeckt wie Apfel. Sie können aber auch Phantasien und Gefühle auslösen: Apfel erinnert Sie dann an den Herbst und ans Drachensteigen oder an ein Kletterabenteuer als Achtjähriger.

Beim Weintrinken ist es nicht anders. Durch das Schmecken werden Empfindungen ausgelöst: der Duft von Früchten und Blumen oder ein süßsaurer Geschmack. Aber es können auch noch ganz andere Assoziationen entstehen, zum Beispiel die Erinnerung an einen Nachmittag im Museum, der Gedanke an einen Regenbogen oder ein Hauch von Melancholie. Über Geschmack wird deshalb so viel gestritten, weil bei jedem Menschen eine ganz individuelle Assoziationskette abläuft. Auch wenn wir alle dasselbe trinken, schmecken wir doch alle etwas anderes. Deshalb gibt es häufig Meinungsverschiedenheiten – über Geschmack lässt sich nun mal streiten. Und immer gilt: Ein Weinkenner schmeckt nicht richtiger oder besser als Sie!

Ein Wein muss gar nichts müssen

Assoziationen beim Weintrinken spontan und intuitiv aussprechen, das ist das Beste, was Sie tun können. Allerdings ist das binäre Prinzip – gut/schlecht, schmeckt mir/schmeckt mir nicht – allein nicht ausreichend.

Beim Assoziieren ist alles erlaubt, sprechen Sie es aus: frisch verlegter Teppich, Plastiktüte, Zeitung, Zahnarztpraxis. Ihr Geschmack ist richtig! Deshalb sind auch Ihre Assoziationen richtig. Und wo ist eigentlich der Unterschied, ob ein Wein nach Heublumen, Kamille oder Oregano duftet? Hauptsache, es duftet überhaupt nach Heublumen, Kamille oder Oregano! Oder eben nach Teppich, Plastiktüte oder Zahnarztpraxis! Das ist das Großartige beim Wein und nicht, ob da noch ein Hauch Lakritze oder eine Spur Stachelbeere mitschwingt – oder der immer wieder gern zitierte Küchenlappen, der schon längst in der Waschmaschine sein müsste. Ein Wein muss nicht nach etwas Bestimmtem, Definiertem riechen oder schmecken. Ein Wein muss gar nichts müssen. Wein schmeckt immer so, wie Sie ihn schmecken – Sie allein.

Superlative
Die Weinsprache folgt der allgemeinen Sprachentwicklung. Immer mehr Idiome werden aus der Boxersprache übernommen: Knock-out-Wein (Megalativ), Monsterwein (Gigalativ), Killer-Juice (Letalativ).

Aroma – gib jedem Wein eine Chance!

Viele Leute, die beginnen, sich mit Wein zu beschäftigen, sagen uns, dass sie nicht wissen, woran man guten Wein erkennt. Sie leben in der ständigen Angst, schlechten Wein im Glas zu haben, ohne es zu merken.

Guter Wein sieht aus wie jeder andere Wein. Die meisten guten Weine riechen auch gut. Es gibt jedoch welche, die riechen anders, vielleicht merkwürdig oder sogar extrem – und sind trotzdem klasse. Das sind die Weine, die in Opposition gehen, deren Argumente man sich als guter Demokrat in jedem Fall anhören sollte, um das Positive in seinen eigenen Wissens- und Erfahrungsschatz aufnehmen zu können. Alles andere wäre ignorant und kontraproduktiv. Auch hier gilt: Das Binäre (gut/schlecht oder schmeckt mir/schmeckt mir nicht) ist ein Feind des Fortschritts.

Es geht um den Geschmack, um das Aroma, das ist das Entscheidende. Dies wird einem häufig erst nach einiger Zeit bewusst. *„Hallo, hier bin ich. Ich bin ein großer Wein!"*, das ruft Ihnen kein Glas zu. Deshalb ist es sinnvoll, sich in Geduld zu üben und den Wein langsam an sich heranzulassen. Viele originelle und komplexe, also vielschichtige Weine bleiben unentdeckt, weil die Leute den Fehler machen, sie gleich nach dem ersten Schluck zu bewerten.

ÜBUNG 06 *Schenken Sie sich ein, riechen und schmecken Sie. Sagen Sie spontan, was Ihnen gerade in den Sinn kommt; es müssen nicht unbedingt Früchte, Kräuter oder Gewürze sein. Es können Dinge sein, die Sie normalerweise nicht mit Essen und Trinken assoziieren. Von Tankstelle bis Katzenpisse ist alles möglich – und erlaubt.*

Wenn Sie überhaupt keine Assoziationen haben, versuchen Sie es mit einer anderen Flasche. Sollte es dann nicht funktionieren, sind Sie ein geborener Biertrinker.

Menschen sind keine Computer
Neugeborene kommen blind auf die Welt. Physisch können sie zwar sehen, aber sie sind nicht in der Lage zu erkennen, was sie sehen. Dass die Person vor ihnen ihre Mutter ist, lernen sie erst, wenn sie sie immer wieder vor sich sehen. Nur die ständige Wiederholung vermittelt ihrem Gedächtnis, dass es einen Zusammenhang zwischen der Person und ihrer Mutter gibt. So entstehen nach und nach die Bilder im Kopf.

Beim Riechen und Schmecken ist es nicht anders. Wer in seinem Leben noch nie an einem reifen, sonnenwarmen weißen Pfirsich gerochen hat, kann mit der Beschreibung „weißer Pfirsichduft" nichts anfangen, weil ihm die Kenntnis fehlt. Deshalb denken viele, dass sie nicht richtig schmecken oder riechen können. Es kann aber sein, dass jemand bei dem Geruch nach weißem Pfirsich an andere Dinge denkt – vielleicht an Lilien, weichen Sommerwind oder an eine Kahnpartie. Jeder Mensch braucht solche Eselsbrücken. Kurz gesagt: Wir nehmen zwar alle denselben Duft wahr, aber jeder von uns findet andere Worte dafür.

Genau das ist das Problem der herkömmlichen Weinsprache. Sie ist eine reine Fachsprache und benutzt Begriffe, die nur scheinbar aus der Alltagssprache stammen. Zum Beispiel *samtige Struktur, stahlige Säure, Blumenbukett, dumpfer Nachhall.* Letztlich ist die Weinsprache nur eine Krücke, um Sinneswahrnehmungen auszudrücken. Fachleute unter sich können diese Sprache verstehen, aber Laien schreckt sie ab, weil sie Phänomene beschreibt, die sie selbst nicht kennen. Aus diesem Grund fordern wir Sie auf, beim Riechen und Schmecken das zu assoziieren, was Ihnen spontan in den Sinn kommt. Lassen Sie Ihren Gedanken freien Lauf. Wein kann nach Eiskonfekt riechen, nach Blumenladen, nach Marmelade, nach frisch gemähter Wiese, nach Brennnesseln, nach Lindenblütenhonig, Zitronenlimonade, Minze, Kopfschmerztabletten, Seeluft, Staub, Steinbruch oder Sägewerk, nach Herbstlaub, Hefe, Thymian, frischem

Brot, nach Sauerkraut und Schokoladenkuchen, Pfeifenta-
bak, Ledersessel, Havannazigarre und Veilchen, nach neuen
Schuhen oder alten Socken, nach Zündhölzern, Rauch,
Medizinschrank, Ammoniak, Chlor und Klebstoff, nach
Katzenpisse und Pferdestall.

Düfte und Gerüche differenziert wahrzunehmen, zu asso-
ziieren und zu benennen, das ist der Thrill, die Magie, der
Mythos beim Wein. Es geht um sein Geschmacksbild, sein
Persönlichkeitsprofil – und damit eng verbunden: um seine
Herkunft, seine Geschichte, seine Zukunft.

ÜBUNG 07 *Schenken Sie sich ein. Entspannen Sie sich, riechen und schmecken Sie in aller Ruhe.*

Da sind mehrere Dinge, Gerüche, die Sie als Erstes riechen, die ganz deutlich vorne sind, denen Sie vielleicht gleich einen Namen geben können. Und dann sind da noch Dinge, die weiter hinten liegen, etwas verborgen. Doch je länger Sie riechen, desto deutlicher werden sie. Beim Schmecken fühlen Sie das eine oder andere vielleicht bestätigt oder sogar intensiviert. Vielleicht liegen diese ganzen Dinge nicht nur neben-, auf- oder hintereinander, sondern ergänzen sich, statt sich zu bekriegen. Dann werden Sie diesen unstillbaren Drang spüren, Ordnung in Ihrem Kopf zu schaffen und das Tohuwabohu zu beseitigen. Je länger Sie diesen Geschmack im Mund verspüren und je länger Ihr Ordnungsdrang andauert, desto komplexer ist der Wein, den Sie vor sich haben.

Harmonie und Komplexität

Je dramatischer Schichtung und Aromenfolge eines
Weines sind, desto spannender und atemberaubender ist es,
sich ihm entgegenzustellen. Solche Weine werden nicht
irgendwo, irgendwie, von irgendwem gemacht, sie sind
keine Zufallsprodukte, sondern immer das Ergebnis strate-

gischer Allianzen und enormer Risikobereitschaft bei ihrer Herstellung. Die Erzeuger sehr guter Weine beschränken die Erntemenge durch rigoroses Ausdünnen und nehmen die Gefahr in Kauf, dass ihnen die ohnehin schon kleine Menge durch Frost, Hagel, Pilzbefall und Dauerregen noch weiter reduziert wird. Häufig rackern sie sich dazu auch noch in extremen Steillagen ab, wo die Arbeit doppelt schwer fällt. Doch die Winzer werden belohnt: Je extremer die Wachstumsbedingungen sind, desto mehr profitieren die Weine. In den steilen Lagen fällt die Sonne fast senkrecht auf den Boden und dadurch steigt die Wärmesumme. Kurz gesagt: Je höher ein Winzer auf dem Drahtseil balanciert, desto dramatischer kann sein Wein werden.

Das Wunder dabei ist, dass alle Weine aus ein paar immer gleichen Komponenten bestehen, ganz egal, ob es sich um eine sündhaft teure Edelflasche oder um Pennerglück handelt.

Wasser und Alkohol

Wein ist kein Steak, Wein ist eine Flüssigkeit. Kein Wunder, denn Wein besteht vor allem aus Wasser. Aber Wasser schmeckt nach nichts – warum also der ganze Aufstand um den Weingeschmack, wenn wir doch nur auf Wasser herumkauen? Beim Weintrinken müssen also noch weitere Faktoren eine Rolle spielen. Beispielsweise Alkohol. Geschmacklich spielt er im Wein eine Nebenrolle. Wenn er deutlich hervorsticht, ist das überhaupt kein gutes Zeichen. Dann ist der Wein alkoholisch und macht mächtig knülle.

Säure

Neben den Flüssigkeiten sind im Wein noch eine Menge anderer Bestandteile zu finden. Säure zum Beispiel. Aber nicht bloß eine einzige Sorte, sondern viele verschiedene. Ohne Sie jetzt erschrecken zu wollen, hier kurz die wichtigsten: Weinsäure, Apfelsäure, Essigsäure, Zitronensäure und

Milchsäure. Letztere spielt vor allem beim Rotwein eine wichtige Rolle.

Zucker

Trauben sind süß, denn sie stecken voller Zucker. Auch der aus ihnen gepresste Most ist süß, aber nur so lange, bis die Hefe den Zucker in Alkohol und in das Gärgas Kohlendioxid spaltet, das schon so manchem unachtsamen Kellermeister das Lichtlein ausgeblasen hat. Aber nicht der ganze Zucker wird von der Hefe umgewandelt, denn in jedem Wein bleibt etwas Zucker zurück – mal mehr und mal weniger.

Zuckerphobie
Verfolgungswahn manisch besessener Trockentrinker, die ihre Prägung durch die Manipulationsskandale während der süßen Welle erhielten: „Ist der Wein auch wirklich knochentrocken?"

Farbe

Egal, ob rote oder weiße Trauben – die Farbstoffe stecken vor allem in der Schale. Weil beim Rotwein die Gärung mit den Schalen stattfindet, wird der Wein rot. Weißwein ist eigentlich kein weißer Wein, sondern ein Gelbwein. Auch er enthält Farbstoffe. Und die meisten Rotweine sind auch nicht richtig rot, sondern eher schwarzrot, violett, purpur, ziegelrot oder rotbraun.

Mineralien

Der Weinstock ist eine Pflanze, die mit ihren Wurzeln neben Feuchtigkeit auch Mineralien aufnimmt. Sie werden in den Trauben konzentriert und landen später im fertigen Wein.

Gerbstoffe

Die Gerbstoffe stammen aus den Schalen und Kernen der Beeren und werden auch Tannine genannt. Sie schmecken bitter, ziehen den Mund zusammen und machen stumpfe Zähne – ungefähr so wie Rhabarber –, vor allem bei zu jungem oder schlechtem Rotwein. Reife Trauben liefern reife Tannine, die angenehm weich und seidig wirken.

Das sind die wichtigsten Weinbestandteile, auch wenn es noch viel mehr gibt: Glycerin und jede Menge Aromen, Schwefel, Eiweiß und Hefe. Aber wir sind hier nicht im Chemie-Leistungskurs. Die Weinbestandteile werden erst interessant, wenn man sie als Summe sieht und nicht als Einzelinformationen. Es ist der Cocktail aus Wasser, Alkohol, Aromen, Säure, Süße, Mineralien und Farbstoffen, den wir in seiner Gesamtheit wahrnehmen und der darüber entscheidet, ob uns ein Wein gefällt oder nicht.

→ **Schmecken kann jeder**

→ **Die Zunge kann nur süß, sauer, salzig und bitter voneinander unterscheiden**

→ **Die Nase ist beim Schmecken viel wichtiger, als die meisten denken**

→ **Geschmack entsteht im Kopf – er ist ein Gefühl**

→ **Erst das Zusammenspiel aller Weinbestandteile entscheidet über die Geschmacksqualität**

Industriewein und handwerklich hergestellte Weine

Wodurch sich gute und schlechte Weine unterscheiden

— — — — — —

Im Discounter, im Kaufhaus, im Getränkemarkt, beim Weinhändler, im Internet, im Katalog: Wein wird einem heutzutage fast überall hinterhergeworfen. Das ist schön. Endlich ist das einst feudale Getränk in alle gesellschaftlichen Schichten vorgedrungen. Die Demokratisierung des Weins läuft auf vollen Touren. Jeder kann ihn sich leisten, überall und jederzeit – schließlich verticken heute auch die Tankstellen rund um die Uhr Wein aus aller Welt in ihren Shops, weil die armen Ölmultis am Benzin nichts mehr verdienen. Zu Beginn Ihrer Weinkarriere werden Sie fast jede Flasche, die Sie herausgreifen, als irgendwie trinkbar einstufen – vielleicht um Ihr Gesicht nicht zu verlieren. Es ist ein mulmiges Gefühl zwischen *Eigentlich gar nicht so schlecht* und *Der Durst treibt's rein.* Zu dieser Gruppe von Weinen zählen die Blender, die anonymen Massenweine – also die erdrückende Mehrheit.

I can´t get no satisfaction

Trinkbar hat natürlich nichts mit gut zu tun. Massenweine sind Industrieprodukte ohne Charisma. Um Qualität geht's da nicht – es geht nur darum, die Weintrinker abzuziehen, auszunehmen und ihnen vorzugaukeln, dass das, wofür sie bezahlen, irgendwas mit Wein zu tun hätte. Gott sei Dank haben wir den Überblick darüber verloren, wie viel Geld uns diese Erkenntnis gekostet hat.

Je billiger der Wein, desto größer ist das Rohr, durch das er gepumpt wird. Es gibt Großkellereien, die so groß sind wie der Frankfurter Flughafen. Aus allen Himmelsrichtungen rollen Eisenbahnwaggons und LKWs mit billigsten Grundweinen heran, die die Einkäufer irgendwo abgestaubt haben. Die Ladung wird in Nullkom-

Industrieweine
Erfolgreiche Kategorie von Massenweinen: „Wenn Sie mir übermorgen 800 000 Flaschen Toscanolo liefern können und zu Weihnachten noch einmal eine Million, dann liste ich Sie in unserem Sortiment."

manix abgesaugt und verschwindet in gigantischen Tanks. Je nach Bestellungseingang wird tagesaktuell miteinander verschnitten und in Flaschen gefüllt. Zwischen Anlieferung und Füllung wird kräftig stabilisiert, geschönt, entsäuert, aromatisiert, gefärbt – was gerade gefragt ist.

Die Mitarbeiter in diesen Umschlagstationen tragen Gehörschutz und Arbeitsschuhe mit Stahlkappen, damit ihnen die Stapler nicht die Füße kaputtfahren, wenn sie die Paletten im Dreischichtbetrieb auf die Trucks laden. Schwuppdiwupp landet das Zeug in den Discountern.

Es ist nichts als Zeit- und Geldverschwendung, solche Weine zu trinken, weil sie aus der Anonymität kommen und auch dorthin wieder verschwinden, ohne nennenswerte Spuren in Ihrer Erinnerung zu hinterlassen. Diese Erkenntnis – so schmerzhaft sie auch sein mag – ist die entscheidende Sprosse Ihrer Weinkarriere und heißt nichts anderes, als

Super Preis-Leistungs-Verhältnis
Nicht geschmacksrelevantes Verkaufsargument, um Industrieweine zu promoten.

dass Sie es sich selber wert sein sollten, nicht mehr alles zu schlucken. Lernen Sie Nein! zu sagen und den Verheißungen des niedrigsten Preises zu widerstehen: *Ich bin billig, also bin ich gut!*

Reise ohne Ziel – die Bringer

Bleibt die Sache mit den Bringern. Das sind die handwerklich hergestellten Weine, die im Gegensatz zu den Industrieweinen aus persönlicher Leidenschaft entstehen. Hinter ihnen steckt immer das Gesicht eines Winzers, der versucht, seinen eigenen, hohen Ansprüchen gerecht zu werden. Solche Weine besitzen eine eigene Identität, sie reflektieren ihre Herkunft und obendrein bieten sie auch noch einen emotionalen Mehrwert fürs Geld. Wenn es Weine mit einer lebenslangen Erinnerung gibt, dann sind es handwerklich hergestellte Weine. Sie können sich in Ihr Gedächtnis einbrennen – wie ein Laserstrahl. Solche Weine verschaffen Ihnen echte Befriedigung. Sie zu genießen, wird Ihnen das Gefühl geben, endlich angekommen zu sein.

Handwerklich hergestellte Weine kosten nicht viel mehr als Industrieware. Jeder kann sie sich leisten, aber die meisten *wollen* sie sich gar nicht leisten, weil sie zu geizig oder frustriert sind und glauben, dass alle Weine sowieso gleich schmecken. Diese Leute trinken ihr Leben lang schlechten und deshalb verdammt teuren Wein.

ÜBUNG 08 *Gehen Sie zu Lidl-Aldi-Penny&Co und kaufen Sie dort einen Weißwein, zum Beispiel Pinot grigio. Kaufen Sie auch eine Flasche Grauburgunder im Fachhandel oder beim Winzer. Vergleichen Sie beide Weine parallel – Sie werden Ihr blaues Wunder erleben, garantiert!*

Ist teurer Wein automatisch besser?

Natürlich sind die Entstehungskosten handwerklich hergestellter Weine höher. Schließlich sind dafür unzählige Arbeitsstunden im Weinberg notwendig. Außerdem holt der Winzer nicht das Letzte aus seinen Rebstöcken heraus, sondern erntet weniger und gibt sich bei der Arbeit im Weinkeller mehr Mühe. Schon aus diesen Gründen sind individuelle Weine teurer als Massenware. Los geht's ungefähr bei 3 bis 4 Euro beim Winzer.

Glauben Sie aber bitte nicht, Qualität hätte irgendetwas mit dem Preis zu tun. Es gibt genauso viel schlechten Wein für 3 Euro wie für 30 Euro. Das macht die Sache so schwierig. Natürlich wäre es schön, Qualität am Preis erkennen zu können, aber leider ist das eine Illusion, der viele Etikettentrinker zum Opfer fallen: *Ich bin teuer, also bin ich gut!*

Ziemlich lange dachten wir, dass uns irgendwann einmal der supermegageile Überwein begegnen würde. Dann, so hofften wir, könnten wir endlich mitreden. Zum Beispiel mit Thomas: Der konnte sich mit seinen Freunden regelrecht hineinsteigern in Weine mit so merkwürdigen Namen wie Sassicaia, Tignanello und Montrachet. Wenn sie diese Namen aufsagten und die Jahrgänge durchdeklinierten, erst in Ekstase fielen und dann in Trance, wurden wir immer kleiner und kamen uns – sprechen wir es ruhig aus – ziemlich verloren vor.

Doch auf unserer Reise über die windgepeitschten Weinozeane haben wir immerhin eines gelernt: Den einen Wein, der besser ist als alle anderen, gibt es nicht. Es gibt aber immer wieder Weine, bei denen wir spontan sagen: unglaublich! Diese Erkenntnis gilt so lange, bis wir dem nächsten großartigen Wein begegnen. Und das kann ziemlich schnell gehen. Das Leben ist eine Folge von Tagen. Und jeder Herbst spült neuen Most in die Keller.

Der Wein ist alles – Image ist nichts

Physiologisch gesehen ist Weintrinken eine ziemlich banale Angelegenheit. Kaum haben Sie den Wein in Ihren Mund befördert, wird der Schluckreflex ausgelöst. Der Wein stürzt dann die Speiseröhre hinab, landet schließlich im Magen und wird witschi-watschi in seine Bestandteile zerlegt. So betrachtet ist die Frage vieler Zeitgenossen natürlich berechtigt: Warum um alles in der Welt wird so ein Riesenzirkus um den Wein veranstaltet? Der Filou rouge für 1,98 besteht doch auch nur aus Wasser und Farbstoff. Und denselben Knallfaktor wie ein Schattolatur für 198 hat er auch. *Da lachen doch die Hühner!*

Dieser Einwurf ist berechtigt. Es gibt Menschen, die Verfeinerung suchen und sich für Tauchurlaub/Porsche Cayenne/Flat-screen-TV krummlegen. Genuss lässt sich nicht in das Korsett Preis-Leistungs-Verhältnis zwingen. Wer es trotzdem versucht, kann schnell ins Straucheln geraten und bei den Blendern landen. Beim Wein geht es nur um Genuss, es geht ums Glück, um Gefühle und Erinnerungen – das ist der Kick. Weine mit einem hohen emotionalen Potenzial geben Auskunft über ihre Herkunft, zum Beispiel über den Geschmack von Vulkanasche oder Schiefer oder Sandsteinverwitterung; sie berichten aus der Vergangenheit, zum Beispiel über das Wetter im Jahr 2000. Unter den Getränken und Nahrungsmitteln sind sie daher einzigartig. Wein ist unvergleichlich. Wahrscheinlich ist er deshalb zu einem lithurgischen Getränk geworden und wird als Nektar der Götter verehrt. Vergessen Sie deshalb die ewig gleichen Verkostungsmätzchen und das einfältige Ratespielchen, ob der Wein nun nach Brombeere und Limette oder nach Leder, Lack und Gummi schmeckt. Hauptsache, Sie haben Spaß.

O-Ya-Bum-Weine

Im Stehen auf ex gekippte Rotweine führender französischer Châteaux in der Preislage eines Angestellten-Jahresgehalts. In Japan verbreitetes Ritual zur Selbstdarstellung des Unternehmensführers – des O Ya Bum.

Dasselbe Problem taucht beim Image eines Anbaugebietes auf. Rhône macht mehr her als Roussillon, Barolo mehr als Basilicata. Doch ein Wein aus dem Chablis ist nicht *automatisch* gut, einer aus Bordeaux oder Kalifornien auch nicht. Die meisten Weintrinker gehen glanzvollen Namen auf den Leim, weil diese Regionen ein besseres Image haben als die weniger bekannten. Aber wie Sie sich nach der bisherigen Lektüre denken können, stehen beim Wein auch Image und Qualität nicht in einem direkten Verhältnis. Leider.

Das Gleiche gilt für die Rebsorten. Chardonnay, Cabernet, Merlot, Shiraz und Pinot grigio sind zurzeit in aller Munde. Wenn diese Sorten genannt werden, dann mit Inbrunst, so wie die Marken Mercedes, Nike oder Joop. Doch in Wahrheit sind sie keine Garanten für guten Wein. Es gibt weitaus mehr miserable Weine aus bekannten Rebsorten, als es gute Weine daraus gibt.

→ **Finger weg von Supermarkt- und Discounterweinen!**

→ **Lernen Sie bei vermeintlichen Schnäppchen Nein zu sagen**

→ **Gute Weine werden handwerklich hergestellt**

→ **Aus Regionen mit gutem Image kommen nicht automatisch gute Weine**

5

Der Rebstock – ein Informationssammler
Was im Weinberg passiert

– – – – – –

Es ist schwer zu sagen, wie guter Wein schmeckt, aber leicht zu begreifen, wie er entsteht: Winzer, die guten Wein machen wollen, setzen alles daran, reife und aromatische Trauben zu ernten. Sie müssen süß sein, intensiv süß und konzentriert, und sie dürfen nicht zu viel Wasser enthalten. Solche Trauben gedeihen nicht überall, sondern nur dort, wo die Reben ganz bestimmte Wachstumsbedingungen vorfinden, die von vielen Faktoren beeinflusst werden. Es ist ganz entscheidend, wo die Trauben wachsen, wie sie beschaffen sind und wer sie kultiviert hat. Nur wenn die Trauben möglichst perfekt sind, kann aus ihnen auch guter Wein entstehen, denn der Wein ist immer nur so gut wie seine Trauben.

ÜBUNG 09 *Besorgen Sie sich eine reife und eine unreife Birne. Probieren Sie zuerst von der unreifen, harten, geruchlosen und dann von der weichen, saftigen, duftenden Birne.*

Wenn Ihnen das erste Exemplar besser schmeckt, sind Sie ein geborener Biertrinker und wollten es in Übung 6 nicht zugeben.

Der Rebstock

Die Weinrebe ist eine Pionierpflanze, das heißt, sie kann noch unter Bedingungen wachsen, unter denen andere Pflanzen nicht gedeihen können, zum Beispiel auf unwirtlichen Steilhängen ohne Humus, in großer Hitze und bei langer Trockenheit. Je schwieriger die Wachstumsbedingungen für die Rebe sind, desto interessanter können die Weine sein.

Richtig gut werden die Trauben, wenn sich der Rebstock quälen muss und gezwungen ist, tief im Untergrund zu wurzeln.

Der Rebstock besteht aus einem Stamm, Blättern und Früchten – und Wurzeln, die zwar nicht sichtbar, aber für die Weinqualität von herausragender Bedeutung sind. Die Wurzeln, die der Rebstock im Laufe seines Lebens in den Boden getrieben hat, können viele Meter lang sein. Sie versorgen die Pflanze mit wichtigen Nährstoffen, vor allem Wasser und Mineralien. Oberirdisch ist das Holz zu sehen. Aus ihm entstehen im Frühjahr neue Triebe und Blätter. Die Blüte ist unscheinbar und man sieht ihr wirklich nicht an, dass aus ihr faszinierende Früchte entstehen – die Weintrauben. Auf der Erde gibt es keine Pflanze, deren Früchte mehr Zucker enthalten.

Vinology Assessment
Das Vorhersehen der Auswirkungen moderner Technik auf die Weinbereitung: „Wenn das Tanninpulver, das Aromatisieren und das Entalkoholisieren des Weins nach vorhergehender Mostkonzentration und Entsäuerung endlich offiziell zugelassen sind, dann ist der Moselrotwein mit dem kalifornischen konkurrenzfähig."

Der Weinberg

Der Ort, an dem die Rebstöcke wachsen, ist von großer Bedeutung. Er wird Weinberg genannt. Weinberge werden auch als Lagen bezeichnet. Je weiter nördlich Weinbau betrieben wird, desto steiler sind in der Regel die Lagen. Die steilsten haben bis zu 60 Grad Hangneigung und bieten den Vorteil, dass die Sonne dort auch noch im Herbst senkrecht auf den Boden fällt. Weiter im Süden kann Weinbau auch in Flachlagen erfolgreich betrieben werden. Die Sonne fällt hier steiler ein, sodass in der Ebene viel Sonnenenergie zur Verfügung steht.

Ein guter Weinberg ist so ausgerichtet, dass er möglichst viele Sonnenstunden pro Jahr sammeln kann. Optimal sind Orientierungen nach Südosten, Süden und Südwesten. Dabei bietet jede Lage individuelle Wachstumsbedingungen. Manchmal ist ein Fluss oder das Meer in der Nähe. Dann reflektiert das Wasser die Sonne von unten an die Trauben.

In Meeresnähe sorgt eine kühle Brise für eine gleichmäßigere Reife der Trauben. Oder der Weinberg gleicht einem Amphitheater – dann werden die Reben von kalten Winden abgeschirmt.

Der Boden

Der Charakter eines Weins wird durch viele Einflüsse geformt. Dem Boden kommt dabei eine ganz besondere Bedeutung zu. Wenn der Boden, auf dem die Weinrebe wächst, tiefgründig und nährstoffreich wie ein Kartoffelacker ist, werden die Trauben dick und fett – und ergeben nichts als langweilige, austauschbare Weine. Auf solchen Böden wird der Rebstock einfach mit zu vielen Nährstoffen versorgt.

Im Laufe der Zeit haben die Winzer festgestellt, dass einige Rebsorten auf bestimmten Böden besonders gut gedeihen. Lehmige, feuchte Böden wie etwa in Baden sind ideal für Grauburgunder – sie erwärmen sich langsamer als solche mit einem hohen Sandanteil. Böden mit einem hohen Kalkanteil wie in der Champagne oder im Burgund stammen aus maritimen Ablagerungen des Urmeeres, die sich vor Jahrmillionen gebildet haben. Diese urzeitlichen Muschelbänke bieten Chardonnay und Pinot noir (Spätburgunder) beste Voraussetzungen. Schieferböden wie an der Mosel oder um Banyuls hingegen sind dunkel und bringen dem Riesling beziehungsweise der Grenache den Vorteil, dass das dunkle Gestein die Wärme des Tages speichern und nachts an die Trauben abstrahlen kann. Das intensiviert die Reife.

Die Sonne

Ohne Sonne läuft im Weinberg nichts. Sie ist für die Reife der Trauben verantwortlich. Im Laufe eines Jahres geht eine Unmenge von Kilokalorien in Form von Sonnenlicht auf den Weinberg nieder. Die Blätter der Rebe wandeln die

Sonnenenergie durch Photosynthese in Zucker um und speichern ihn in den Weintrauben.

Anbaugebiete, die deutlich von kühlerem Klima beeinflusst sind, bezeichnet man als Cool-Climate-Regionen, wärmere Gegenden als Hot-Climate-Regionen. In Europa stehen die Cool-Climate-Regionen stark unter atlantischem und kontinentalem Einfluss, während die Hot-Climate-Regionen vom mediterranen Klima geprägt sind. Die Sonne ist allerdings nur einer von vielen klimatischen Faktoren und nicht allein für die Weinqualität verantwortlich. Zu viel Sonne kann sogar schädlich sein. Dann stellt die Rebe ihren Stoffwechsel ein und bildet keinen Zucker mehr. Im schlimmsten Fall bekommt die Beerenhaut Sonnenbrand.

Der Regen

Der Regen dringt in den Boden ein und löst dabei Mineralien, die der Rebstock mit seinen Wurzeln aufsaugt und in den Weintrauben einlagert. Manche Lagen führen tief im Untergrund Wasser – ideal für alte Reben. Je älter ein Rebstock ist, desto unabhängiger wird er von den Niederschlägen, weil sein Wurzelsystem metertief in den feuchten Untergrund reicht.

In den Hot-Climate-Anbaugebieten Kalifornien und Australien regnet es oft nicht genug. Dort werden die Reben durch Bewässerung am Leben erhalten. In den Cool-Climate-Regionen fällt dagegen häufig zu viel Regen. Dann fallen die Trauben wässrig aus und wichtige Inhaltsstoffe wie Zucker und Mineralien werden verdünnt – entsprechend dünn schmeckt dann der Wein.

Der Wind

Leichte Windbewegung im Weinberg ist wichtig für eine gute Durchlüftung. Dadurch kann überschüssige Feuchtigkeit verdunsten, denn zwischen den Beeren sammelt sich häufig Regen, der die Fäulnisentwicklung begünstigt. In der

Reifezeit kann Wind ebenfalls einen positiven Einfluss haben, weil Wasser aus den Beeren verdunstet und sich so die Konzentration der übrigen Inhaltsstoffe erhöht. Heißer Wind hingegen kann negative Folgen haben, weil die Früchte verdorren. Besonders in südlichen Regionen ist das ein Problem.

Warme Tage, kühle Nächte

Nicht nur der Tag und die Sonne sind von Bedeutung. Gerade in der Reifeperiode sind kühle Nächte wichtig, weil sie die Aromenbildung in den Trauben unterstützen und dem Wein damit ein vielschichtiges Geschmacksbild geben. Auch die Qualität der Fruchtsäuren steigt durch das Wechselspiel zwischen warmen Tagen und kühlen Nächten im Herbst.

In Cool-Climate-Regionen profitiert die Weinqualität besonders im geschützten Mikroklima der Flusstäler von diesen Temperaturschwankungen. In Hot-Climate-Regionen sind diese Schwankungen vor allem in höher gelegenen Berg- und Hügelregionen ausgeprägt, wo die Nächte bedeutend kühler sind als in der Ebene. Daher fallen dort die Weine besonders feinfruchtig aus.

Die Gefahren

Gute Trauben heranreifen zu lassen, ist ein Roulette-Spiel. Von vielen Seiten drohen Gefahren, denn süße Trauben sind bei Pilzen, Insekten, Wildschweinen und Vögeln sehr beliebt. Meist sind es riesige Schwärme, die mit den süßen Trauben noch einmal richtig Energie auftanken, bevor sie in den Süden ziehen. Auch das Wetter kann Probleme verursachen. Heftige Gewitter und Hagelschauer können dem Rebstock und den Trauben schweren Schaden zufügen. Die Hagelkörner verletzen das Laub und die Trauben platzen auf. Frost in der Blütezeit des Rebstocks kann die Bildung von Trauben schon im Keim ersticken.

Die größten Feinde sind Krankheiten wie Falscher und Echter Mehltau, die das Laub befallen. Der Rebstock verliert dadurch an Blattoberfläche und sein Stoffwechsel wird eingeschränkt oder fällt ganz aus. Auch Schädlinge wie der Sauerwurm befallen die Trauben. Die Reblaus hat der Winzer nur im Griff, wenn er reblausresistente Reben pflanzt oder in sehr kühlen Gebieten, etwa an der Saar, arbeitet, die zu kalt für die Reblaus sind. Dort gibt es noch uralte *wurzelechte* Rebstöcke.

Egal, zu welchen Mitteln der Winzer greift, er muss dafür sorgen, dass die Rebe überlebt. Ohne ihn würde sie keine verwertbaren Früchte tragen.

Der Winzer

Wenn es um die Weinqualität geht, ist der Winzer der entscheidende Baustein. Schließlich rackert er sich sein ganzes Leben im Weinberg ab. Nur er kann die Talente zusammenführen und das Potenzial einer Lage optimal ausschöpfen. Deshalb können von ein und demselben Weinberg, den sich mehrere Winzer teilen, überraschend verschiedene Weine kommen.

Der Winzer entscheidet sich zum Beispiel für eine Rebsorte, ja, sogar für eine ganz spezielle Züchtung dieser Sorte. Selbst an so scheinbar lächerlichen Details zeigt sich, wie groß sein Qualitätsbewusstsein ist. Der eine pflanzt Reben und freut sich, wenn sie im Herbst unter ihrer Last zusammenbrechen, selbst wenn dabei nur dünner Wein herauskommt. Der andere hingegen setzt Reben, die weniger Trauben tragen, am Ende aber viel besseren Wein ergeben.

Auch bei anderen Entscheidungen zielt ein qualitätsbewusster Winzer darauf ab, weniger, aber bessere Trauben zu ernten: Er schneidet die Rebe im Frühjahr so zurecht, dass sie von vornherein weniger Früchte trägt. Er ernährt die Rebstöcke organisch (kein Kunstdünger), bearbeitet die Böden behutsam, verzichtet auf Insektizide und Herbizide.

Seine Leidenschaft geht schließlich so weit, dass er halb reife Trauben abschneidet, um die Erntemenge zu reduzieren. Dadurch verteilt der Rebstock seine Energie auf weniger Trauben, die auf diese Weise immer intensiver, konzentrierter werden. So ein Winzer erntet am Ende vielleicht nur die Hälfte von dem, was seine Kollegen nach Hause schaffen.

Gezügelte Vergärung mit Reinzuchthefen

Eiszeit im Keller. Ergebnis: freche Früchtchen.

ÜBUNG 10 *Schenken Sie vom selben Wein in zwei Gläser ein. In das eine Glas gießen Sie 50 % Wasser. Vergleichen Sie. Die Konzentration macht den Unterschied.*

Die Informationen

Alle Ereignisse im Jahresverlauf werden in den Trauben gespeichert. Jede Beere trägt diese Informationen als Summe des Jahres in sich: den Weinberg, die Rebe, den Boden, Sonne, Regen und Wind, die Gefahren und die Arbeit des Winzers. Dabei gilt ein Gesetz: Der Rebstock kann nur eine begrenzte Leistung erbringen. Wenn er sie auf viele Trauben verteilt, ist der Wein vergleichsweise dünn. Greift der Winzer steuernd ein, sorgt er dafür, dass sich die Informationsmenge auf weniger Trauben verteilt. Und das kann man schmecken: Konzentrierte Weine mit einem hohen Informationsgehalt bilden den Geschmack des Jahres viel deutlicher in sich ab. Für all das gibt es ein Wort, das man sich unbedingt merken sollte. Es kommt aus Frankreich und heißt *Terroir*.

Der Weinstil

Die meisten glauben, je heißer das Klima, desto besser der Wein. Wenn das so wäre, käme der beste Wein aus der

Sahara. Das stimmt aber nicht, weil die Weinrebe zwar Sonne mag, aber nicht zu viel. Sie mag auch Trockenheit, aber nicht zu viel davon. Und sie mag Regen, doch wiederum nicht zu viel. Und Kälte braucht sie auch, aber natürlich nicht zu viel. Deshalb kommt der beste Wein aus gemäßigten Klimazonen, wo alle diese Faktoren zusammentreffen. In Afrika zum Beispiel wächst Wein nur ganz im Süden und ganz im Norden.

Weinstile werden von klimatischen und nicht von nationalen Grenzen definiert. So gibt es in Frankreich sowohl Rotweine, die dick und schwer sind, als auch leichte und transparente. Zum Teil hat das mit den Rebsorten zu tun, viel mehr aber mit dem Klima. Es ist ein weit verbreiteter Irrtum, dick und schwer hieße beim Rotwein immer perfekt, leicht und transparent hingegen mangelhaft. Beide Stile sind ein Ausdruck unterschiedlicher Klimaverhältnisse. Da jedes Weinbauland Regionen hat, in denen es unterschiedlich warm ist, wachsen in den kühleren Weinbauregionen andere Weine als in den wärmeren. In Frankreich und Spanien zum Beispiel ist das Klima im Norden vom kühlen Atlantik geprägt und im Süden vom warmen Mittelmeer.

Gewichtheber und Eiskunstläufer

Jede Klimazone bringt also ihren eigenen Weinstil hervor, weil Wein immer nach den Bedingungen schmeckt, unter denen er entstanden ist. Wird in beiden Klimazonen dieselbe Rebsorte angebaut, dann fallen die Ergebnisse vollkommen unterschiedlich aus. Das eine sind die Cool-Climate-Weine: elegante, drahtige, komplett durchtrainierte Eiskunstläufer, die schöne Pirouetten drehen und halsbrecherische Vierfachsprünge aufs Eis legen. Das andere sind die Hot-Climate-Weine: muskelbepackte Gewichtheber, die vor Kraft kaum laufen und gar nicht genug Eisen reißen können.

Die Rebsorten im Cool Climate kompensieren die geringeren Durchschnittstemperaturen durch eine längere Vegetationsperiode. Wenn die Tagestemperaturen gemäßigt sind und die Luft sich nachts abkühlt, reifen die Trauben langsamer, haben dadurch aber ein expressiveres Aroma. Trauben sind wie Akkus, sie können sich auf zweierlei Weise aufladen: entweder kurz und schnell oder aber langsam und gemächlich.

Uns wird immer bewusster, dass Wein nicht nur eine Hervorbringung einzelner oder mehrerer Menschen, ihrer Intelligenz und ihrer Arbeitsweise ist, sondern vor allem Ausdruck einer Kulturlandschaft. Guter Wein kommt nicht einfach von irgendwo her. Er ist an die Existenz von besonderen, mitunter einzigartigen Bedingungen geknüpft. Wein ist ein großartiges Geschenk.

Nur wenn die Faktoren Zeit, Geologie, Klima, Fauna, Flora und Mensch in idealer Weise zusammenspielen, kann Wein überhaupt erst entstehen. Oft sind Generationen notwendig, um Kulturlandschaften wie das Moseltal oder das Wallis zu gestalten, die zu den atemberaubendsten Schöpfungen menschlichen Schaffens gehören. Dem ebenbürtig sind in der Landwirtschaft höchstens die faszinierenden Reisterrassen des Fernen Ostens mit ihren ausgeklügelten Bewässerungssystemen. Das Großartige am Wein ist, dass wir uns sein Terroir einverleiben können – und dadurch selbst Teil seiner Kultur werden.

Cool Climate

Im Global Village werden Weinstile durch Klimazonen definiert und nicht mehr durch nationale Grenzen. Besonders populär bei den Gegnern von Breitspurweinen.

$\rightarrow$ **Terroir ist ein zentraler Begriff; es geht dabei um das Zusammenspiel von Rebstock, Weinberg, Boden, Sonne, Regen, Klima, Gefahren und der Arbeit des Winzers**

→ Je mehr Informationen sich in den Trauben konzentrieren, desto besser wird der Wein

→ Cool Climate und Hot Climate: Das Klima prägt den Wein

→ Kultur kann man trinken

6

*Wie aus Trauben
Wein entsteht*
Was im Keller los ist

_ _ _ _ _ _

Weinmachen ist im Prinzip ganz einfach, sofern man Folgendes beherzigt:

– Aus Weißweintrauben Weißwein zu machen, ist relativ einfach
– Aus Rotweintrauben Rotwein zu machen, ist auch ziemlich leicht
– Aus Rotweintrauben Weißwein oder Rosé zu machen, ist ebenfalls ein Kinderspiel
– Aus Weißweintrauben Rotwein zu machen, setzt hingegen einiges an krimineller Phantasie voraus

Noch vor 150 Jahren entstand der Wein, ohne dass die Winzer eine Kenntnis davon hatten, was da im Einzelnen vor sich ging. Über die biologischen, biochemischen und chemischen Prozesse im Keller wussten sie nicht viel. Erst Louis Pasteur blickte Mitte des 19. Jahrhunderts durchs Mikroskop – und was sah er da? Hefezellen! Mit diesem Blick in den unerforschten Mikrokosmos identifizierte er winzige, primitive, aber total sympathische Einzeller als Verursacher der alkoholischen Gärung und machte damit den Weg zum modernen Weinbau frei.

Pasteurs Entdeckung der Hefezellen führte ihn auch zu Bakterien und Viren als Verursacher von Krankheiten. Bis dahin hatte man geglaubt, Epidemien wie die Cholera würden durch giftige Erddämpfe verursacht. Und auch um den Wein wurde bis dahin eine nebulöse, mittelalterlich anmutende Mystik aufgebaut. Die abgestorbene Hefe betrachtete man schlicht als zu Boden gesunkenen Schlamm. Mit solchen Märchen räumte Pasteur auf – und seine Leistungen werden zu Recht noch immer gerühmt (weshalb er in Frankreich zu einer Art Ersatzheiliger geworden ist).

Guter Wein entsteht nur aus guten Trauben

Eines brauchen die Winzer seit eh und je, um guten Wein zu machen: perfekt gereifte Trauben. Die waren zu Pasteurs Zeiten nicht so einfach zu bekommen wie heute. Die Winzer durften erst nach Erteilung der Leseerlaubnis in den Weinberg ausrücken, die meist viel zu früh erteilt wurde – dann war zwar die Erntemenge hoch, aber die Trauben waren unreif und sauer. Die Winzer holten alles, was sie kriegen konnten: In den wenigen guten Jahren ernteten sie gesunde, reife Trauben, die guten Wein ergaben; in mittleren Jahren lasen sie teilweise faule und in schlechten Jahren verfaulte oder unreife Trauben. Die Erzeuger haben also oft aus miesen Trauben Wein gemacht – bis weit ins 20. Jahrhundert hinein. Solange den Winzern das Know-how fehlte, im Weinberg durch qualitätsfördernde Maßnahmen einzugreifen, kam guter Wein nur durch die Launen der Natur zustande. So wurde der Mythos vom Jahrgang geboren. Heute ist

Technik-Fetischismus
Verbreitetes Phänomen. Was zählt, sind viele PS, poliertes Aluminium, ultramoderne Technologie, hohe Geschwindigkeit und eine angemessene Lärmentwicklung.

das anders: Der Mensch kennt und analysiert die natürlichen Wachstumsbedingungen und ergreift im Weinberg die entscheidenden Maßnahmen, den so genannten Pflanzenschutz, um einwandfreie Trauben zu ernten und hochwertigen Wein aus ihnen zu machen.

Bei Wein denkt jeder sofort an den Keller. Doch verglichen mit der Arbeit im Weinberg spielt er eine Nebenrolle, denn im Keller kann der Winzer die Weinqualität nur halten, nicht verbessern. Nehmen wir mal an, die geernteten Trauben sind perfekt und entsprechen 100 Prozent Qualität, dann kann der Winzer davon im Idealfall 99,9 Prozent in die Flasche bringen. Normal sind jedoch weniger – ein winziger Fehler reicht, und schon geht es abwärts…

Gehen wir davon aus, dass der Winzer im Weinberg die richtigen Entscheidungen getroffen und hervorragende Trauben geerntet hat. *Was dann?*
– Möglichst kühle Trauben: Sie ergeben kühlen Most, der nur langsam vergärt und auf diese Weise viele wertvolle

Aromen bewahrt. Kühle Keller sind dabei ebenso ein Segen wie Lese bei kühlen Temperaturen.

– Schnelle Verarbeitung: Stehen die Trauben zu lange herum, tritt Saft aus. Oxidation und Zerfallsprozesse setzen ein und eine unkontrollierte Gärung beginnt.

– Das geeignete Medium, in dem die Gärung stattfindet: Großes Fass, kleines Barrique aus neuem Eichenholz, Tank aus Edelstahl oder Beton – das Medium hat deutlichen Einfluss auf Stil und Geschmack des Weins.

– Technische Hilfsmittel: Zum Einsatz kommen Mostkonzentrationsanlagen, so genannte Vakuumverdampfer, Maische-Erhitzungsanlagen, Remontage-Tanks, Rotationstanks im Betonmischerprinzip zur besseren Farb- und Gerbstoffextraktion bei Rotweinen, Filtersysteme.

– Doping ist seit jeher beliebt: Vor 500 Jahren galt das Schönen (das Ausfällen von Trubstoffen) mit Hühnerkot als probates Mittel. Heute ist es die allgegenwärtige Chemie, von Reinzuchthefen, Nährmitteln, Schönungsmitteln zur „Fehlerbeseitigung" bis hin zur mehr oder weniger natürlichen Aromatisierung des Weins.

Rezept für Weißwein
Zutaten:
– weiße Trauben
– eine Presse
– ein Fass
– Schwefel
– Flaschen und Korken

Verwenden Sie nur die besten Trauben. Vor der Verarbeitung also auf faule Stellen untersuchen und bitte nicht waschen. Pressen Sie die Trauben aus und fangen Sie den Saft auf (der danach Most heißt). Verzichten Sie darauf, den letzten Tropfen Saft herauszuorgeln, denn dann kassieren Sie zwangsläufig eine Menge Bitterstoffe. Geben Sie den Most in ein Fass.

Irgendwann beginnt er zu gären: Die Hefezellen vermehren sich und verwandeln den Zucker in Alkohol und Kohlendioxid. Letzteres entweicht über das Gärröhrchen – der Most fängt an zu blubbern. Glück gehabt! Denn bei diesem Verfahren kann die Gärung stecken bleiben, weil die Hefe Probleme hat. Im schlimmsten Fall müssen Sie lange warten, bis die Hefepopulation wieder stark genug ist, um die Gärung erneut in Gang zu setzen (darauf haben die wenigsten Winzer Lust). Doch irgendwann, nach ein paar Tagen, Wochen oder Monaten, wird aus Ihrem Most Wein geworden und der Zucker fast vollständig in Alkohol umgewandelt sein. Der Wein ist dann *trocken* (ein irreführendes Wort). Damit der Wein haltbar ist, also nicht oxidiert, gönnen Sie ihm nun einen Hauch Schwefel. Nach der Lagerung ziehen Sie den Wein vorsichtig ab, das heißt, Sie nehmen ihn von der Hefe und füllen ihn in Flaschen. Fertig.

Vanille-Banane
Geschmacksrichtung internationaler Weißweine.

Falls Sie ein Technik-Freak sind, werden Sie ein wenig mehr tun als bei der eben beschriebenen einfachen Methode und den Most bei der Gärung kühlen. Durch einen Kühlflüssigkeitskreislauf kann der Gärverlauf genauestens gesteuert werden. Außerdem werden Sie so genannte Reinzuchthefen aus dem Labor verwenden, um eine maximale Fruchtaromatik des Weins zu erzielen. Vorteil: Der Wein tut, was *Sie* wollen Nachteil: Der Wein kann wie Fruchtgummi schmecken – und das geht ziemlich schnell auf die Nerven. Bei der Gärung im Tank kommt kaum Sauerstoff an den Wein, beim Fass hingegen schon, denn der Wein „atmet" durch die Poren des Holzes. Wenn Sie ein Barrique verwenden, also ein kleines 225-Liter-Fass aus neuem Eichenholz, wird der junge Wein außerdem deutlich nach Holzaromen schmecken.

Vanille-Brombeere
Geschmacksrichtung internationaler Rotweine.

Rezept für Rotwein
Zutaten:
- rote Trauben
- ein Entrapper
- ein Gärtank
- ein Lagertank, Fass oder Barrique
- ein Filter
- Flaschen, Korken und eine Abfüllanlage

Geben Sie die Trauben in den Entrapper, um die Beeren von den gerbstoffhaltigen Stielen zu trennen. Dann kommen Schalen und Saft (Maische genannt) in einen Gärbehälter, um die Farbe zu extrahieren.

Variante 1: Zertreten Sie die Trauben mit den Füßen (Waschen – der Füße – nicht vergessen). So lösen Sie die Farbstoffe besonders behutsam heraus.

Variante 2: Drücken Sie den so genannten Tresterhut, also die mit den Gärgasen nach oben steigenden Traubenschalen, regelmäßig in den Saft. Von Hand mit Hilfe eines hölzernen Tauchstempels, alle paar Stunden, auch nachts.

Variante 3: Verwenden Sie einen Spezialtank mit automatischem Tauchstempel. Oder benutzen Sie einen so genannten Remontagetank: Der Most läuft von Zeit zu Zeit in ein anderes Gefäß ab, die Traubenschalen im Inneren sinken auf den Boden. Dann wird der Most von oben wieder in den Tank gegeben. So werden die Farbstoffe im Laufe der einsetzenden Gärung vom sich bildenden Alkohol behutsam herausgelöst. Dauert ein bis vier Wochen.

Variante 4: Maischeerhitzung (ist in Württemberg sehr beliebt). Die Maische wird auf 70 oder 95 Grad erhitzt und dabei 1a rot. Aber der Wein wird auch 1a nach Erdbeermarmelade schmecken – der euphemistisch „Erhitzungsnote" genannte Beigeschmack.

Nach der Maischegärung trennen Sie den Wein von den Schalen und Kernen und füllen ihn zum Reifen in einen

Tank, ein großes Fass oder ein Barrique. Danach vorsichtig abziehen, so schonend wie möglich (oder besser überhaupt nicht) filtern und dann abfüllen.

Nicht Fisch, nicht Fleisch

Jetzt wollen Sie noch wissen, wie man Rosé macht? Okay, das schildern wir Ihnen auch noch, obwohl wir … na, sagen wir es mal so … Rosé für önologischen Coitus interruptus halten – das ist nichts Halbes und nichts Ganzes.

Nehmen Sie entrappte rote Trauben und lassen Sie die Maische so lange stehen, bis der Most den von Ihnen gewünschten Farbton hat. Meistens dauert das nur ein paar Stunden. Dann pressen und gären lassen. Meist ist Rosé ein Abfallprodukt, das entsteht, wenn die Winzer minderwertige Rotweintrauben verarbeiten oder wenn sie wollen, dass der Rotwein dunkler wird. Dann pressen Sie einen Teil der Rotweintrauben an und lassen den mehr oder weniger weißen Saft ablaufen. *Saignée* – Ausbluten – heißt das auf Französisch. Dadurch erhöht sich der Schalenanteil im Wein und dieser wird später dunkler. Der Rest wird dann als Rosé verkauft …

In vino veritas
Coming-out: „Du, Mama, ich liebe Rosé…" „Um Gottes willen, mein Junge! Wenn Papa das erfährt!"

Die kleinen Helfer

Die Hefe, das bedeutendste Element der Weinwerdung, ist die Mutter des Weins und begleitet ihn von seiner Geburt bis zum Moment, wo er getrunken wird. Winzer, die mit natürlichen Hefen arbeiten, gehen mehr Risiken ein als solche, die auf Industriehefe zurückgreifen. Laborhefe garantiert einen zügigen und sicheren Gärverlauf, macht die Weine aber auch geschmacklich uniform. Die so genannten wilden Hefen hingegen sind schwerer zu kontrollieren. Zu Beginn vermehren sich im Most Hefestämme, die die Gärung in Gang setzen. Bald darauf werden sie von resistenteren Stämmen abgelöst, die auch bei höheren Temperaturen und steigendem Alkoholgehalt fermentieren können. Die Gärung ist kein linearer Prozess.

ÜBUNG 11 *Besorgen Sie sich zwei Flaschen Weißbier (Hefeweizen), eines trüb und eines kristallklar. Schenken Sie sich von beiden ein und riechen Sie: Hefe prägt das Aroma stark.*

Muss das sein?

Eine lebhaft diskutierte Technologie ist die bereits erwähnte Konzentration von Most vor der Gärung. Der Konzentrator ist eine Maschine, die dem Most auf physikalischem Wege Wasser entzieht. Dadurch nimmt der Gehalt an Extrakt zu. Der Wein fällt konzentrierter aus. Letztlich berührt dieser massive Eingriff weinethische Grundsätze: Darf eine Maschine eingesetzt werden, um die Weine künstlich zu konzentrieren? Oder ist nicht der Entzug von Wasser besser als die Zugabe von Zucker zur Alkoholsteigerung? Schwierige Fragen, die jeder selbst beantworten muss – wenn er sich für solche Details überhaupt interessiert.

Das Fass ist ein Reaktor

Sie werden Bauklötze staunen, wenn Sie sich einen modernen Weinkeller ansehen. Von Romantik keine Spur mehr. In neun von zehn Kellern blitzen heute nur noch Edelstahltanks im kalten Neonlicht. Die Zeiten der großen, imposanten Holzfässer sind längst vorbei. Ein großes Fass hat viel Inhalt bei relativ geringer Oberfläche – das waren ideale Voraussetzungen, um Wein darin aufzubewahren, ohne dass er zu viel Luft bekam. Und weil die großen Fässer sehr lange in Gebrauch waren, gaben sie praktisch kaum Holzaroma an den Wein ab – eher schon andere Geschmacksrichtungen, je nachdem, wie gut der Kellermeister sie gepflegt hat.

Ein Haufen geschäftstüchtiger Ingenieure schwatzte den Winzern in den fünfziger Jahren als Erstes gigantische Betonkavernen auf, ein paar Jährchen später drehten sie ihnen Polyesterbehälter an. Schließlich machten sie ihnen teure Edelstahltanks schmackhaft. Kaum waren die Keller voll damit, war ein neues Spielzeug an der Reihe; es kam ursprünglich mal aus Frankreich: das 225-Liter-Minifass aus neuem Eichenholz, das *Barrique*.

Populär in der schönen neuen Weinwelt wurde das kleine Fass aber nicht durch die Franzosen. Ein paar amerikanische Winzer waren zu Besuch im Bordeaux: *That's it!* Sie kauften sich ein Musterfass, ließen es in Kentucky aus amerikanischer Eiche millionenfach nachbauen und setzten ihre neue Geheimwaffe als eine Art *oak missile* ein, um ihren Weinen eine neue Geschmacksdimension zu verpassen. Neue Barriques haben die Eigenschaft, jede Menge Holz- und Vanillearomen an den Wein abzugeben, besonders wenn sie aus amerikanischer Eiche sind, die extrem süß ist. Das Innere der Barriques wird bei der Herstellung geröstet – man muss sich das wie beim Grillen vorstellen. Klar, dass die Barbecue-vernarrten Amis davon magisch angezogen wurden. Die einzelnen Wineries überboten sich regelrecht darin, den am stärksten mit Eichenholz und Toast parfümierten Wein auf den Markt zu bringen. Irgendwann schmeckte der Wein praktisch nur noch nach Holz und Vanille und nicht mehr nach *Central Valley Chardonnay*.

In-vitro-Wein

Unter Sterilbedingungen der Reinraumklasse IIIc synthetisierte Retortenweine: „Noch vier Milligramm Polyanthocyane und fertig ist der Château Pasteur."

Eichensaft

Im kleinen Holzzeitalter gewann die Barrique-Aromatik immer mehr an Bedeutung. Viele Winzer machten sich Sorgen um den Eichenbestand in den Wäldern: „Trinkt Eichensaft, solange es noch geht!"

Dann brach der *oak war* aus. Es war wie beim Wettrüsten: Die kalifornischen Winzer hatten die Kontrolle über das, was sie taten, verloren. Selbst die dünnsten Weinchen kamen in die Geheimwaffe, der Eichensaft ging weg wie die warmen Semmeln. *Oaked* und seine Steigerungsform *woody* avancierten zu Codewörtern der amerikanischen Weinszene.

Von Amerika aus startete das Barrique eine turbulente Konfettiparade um die ganze Welt. Mitte der achtziger Jahre war es dann so weit: Die erste *oak missile* schlug in Deutschland ein – genauer gesagt bei Franz Keller in Oberbergen am Kaiserstuhl. Das Fass wurde von den deutschen Winzern erst skeptisch beäugt, dann aber umso begeisterter aufgenommen. Alle benutzten es nach kalifornischem Vorbild – als Geheimwaffe.

Phasen der Weinevolution

Graue Vorzeit und Großes Holzzeitalter (bis 1960)

Technik-Optimismus

Süße Welle

Trockenzeit

Eisenzeit-Moderne (V2A-Edelstahl, seit 1980)

Kleines Holzzeitalter (seit 1990)

Alcopopwine-Zeitalter (ab 2005)

In Frankreich werden Barriques traditionellerweise verwendet, um den Wein einfach nur reifen zu lassen. Die Aromatik spielt dabei eine Nebenrolle, denn französische Winzer haben vor allem den Nutzen aus dem günstigen Verhältnis zwischen Inhalt und Oberfläche und den damit verbundenen Sauerstoffaustausch durch die Poren des Holzes im Auge. Für sie ist das kleine Fass ein Reaktor, der Wein reift darin in Superzeitlupe – durch eine kontrollierte minimale Oxidation. Zusätzlich nimmt er bei diesem Prozess auch Gerbstoffe aus dem Holz auf, die für die Lagerfähigkeit wichtig sind. Das Wichtigste aber haben die Franzosen von Anfang an gewusst: Nur große Weine profitieren vom Barrique.

Die meisten Winzer haben mittlerweile kapiert, wozu Barriques eigentlich da sind, nur die Weintrinker leider noch nicht. Die fahren immer noch auf den Eichensaft ab.

Ein wirklich guter Barriquewein schmeckt aber nur dezent nach Holz. Gerade bei Weißwein ist das wichtig, denn zu viel Barrique tötet ihn. Er zerbricht an der aufgesetzten Aromatik wie ein schmächtiger Hänfling, der zum Gewichtheben gezwungen wird.

Die industriell arbeitenden Großkellereien Kaliforniens haben das teure Barriquefass längst durch billige Eichenholzchips ersetzt, die sie in die Stahltanks kippen, um den Wein zu aromatisieren: Statt 500 Euro pro Fass kostet der Eichenkick

Weissagung der Cree-Indianer
„Erst wenn der weiße Mann die letzte Eiche gefällt hat, wird er feststellen, dass er Holz nicht trinken kann."

jetzt nur noch ein paar lächerliche Cent. So lässt sich richtig Kasse machen und auch die Junkies finden das klasse: *1 gallon oak juice bag-in-box $ 9.99* – endlich billiger Eichenstoff!

Und die ausgelutschten Chips? Die lassen sich noch prima zum Grillen verwenden.

→ **Guter Wein entsteht nur aus guten Trauben**

→ **Wichtiger als der Keller ist der Weinberg**

→ **Nicht alles, was nach Holz schmeckt, kommt aus dem Barrique**

*Die wunderbare Welt
der Rebsorten*
Highways und Nebenstraßen

— — — — — —

Die Rebsorte ist ein besonderes Thema. Auf vielen Etiketten steht sie drauf. Meist nimmt sie neben dem Namen des Erzeugers eine prominente Stellung ein. Sie scheint also wirklich wichtig zu sein. Daraus könnte man schlussfolgern, dass man die Rebsorten kennen muss, um sich zurechtzufinden. Riesling, Chardonnay, Merlot, Cabernet, Negro amaro, Xarel-lo … *Halt, Stopp!*

Wir könnten alle Rebsorten der Welt (keiner weiß, wie viele es wirklich gibt – 4000?) dem Alphabet nach auflisten (das sieht so schön ordentlich aus) und genau beschreiben, wie ihre Blätter beschaffen sind und wie der aus ihnen produzierte Wein schmeckt. Tun wir aber nicht. Es gibt nämlich jede Menge Flaschen, auf denen die Rebsorten gar nicht genannt werden, und das sind häufig nicht einmal die schlechtesten. Roter Bordeaux zum Beispiel, aber auch noch viele andere in Frankreich, Italien, Spanien und wer weiß wo noch. Das hat seinen guten Grund: In den Regionen Bordeaux, Rioja und Chianti sind die Winzer der Überzeugung, dass es viel wichtiger ist anzugeben, *wo* der Wein gewachsen ist, als darauf hinzuweisen, aus welchen Sorten er hergestellt wurde. Und wissen Sie was? Die haben Recht.

So schön und interessant und wichtig die Lehre von den Rebsorten, die *Ampelographie*, auch sein mag – keiner kann den Wein leichter verstehen, wenn er weiß, wie die Trauben und Blätter aussehen. Natürlich ist die Rebsorte wichtig, aber sie ist letztlich nur ein Mittel zum Zweck. Im Idealfall bringt sie mehr zum Ausdruck als ihren eigenen Charakter, nämlich den Boden, den Stil einer Region, den Winzer – also das *Terroir* … wichtiges Wort, unbedingt merken.

Deshalb ist das Urteil *rebsortentypisch* für einen Wein nicht mehr als eine hohle Phrase, oft sogar ein Euphemismus, um von der Primitivität eines Weines abzulenken, damit bloß keiner merkt, wie eindimensional er in Wirklichkeit ist. Hüten Sie sich vor Weinen, die als rebsortentypisch angepriesen werden. Einen Autoverkäufer, der sagt: „Der Fiat ist fahrzeugtypisch", nehmen Sie doch auch nicht ernst, oder?

Es gibt Weine – meist solche mit vielen Jahren Tradition auf dem Buckel –, die sich zum Beispiel Bordeaux oder Barolo oder Rioja oder Tokajer oder Champagner nennen und allein durch die Deklaration ihrer Herkunft zum Ausdruck bringen, dass sie aus bestimmten Rebsorten hergestellt worden sind. Wären sie aus anderen Sorten bereitet, dürften sie nicht diese Namen tragen. Eigentlich ganz einfach.

Man muss sich *einfach nur merken*, dass ein roter Bordeaux aus den Sorten Cabernet Sauvignon, Merlot und Cabernet franc bestehen darf. Nicht immer alle zusammen und auch nicht in festgelegten Größenordnungen – es dürfen aber nur diese drei sein. Naja, okay... aber nur für die, die es ganz genau wissen wollen, quasi der Vollständigkeit halber: Manchmal ist auch noch eine klitzekleine Dosis Petit Verdot im Spiel. Ein Barolo besteht wiederum immer nur aus einer Sorte, sie heißt Nebbiolo. Das ist das Gute an ihm. Ein roter Rioja darf sich aus – Achtung, jetzt kommt's! – Tempranillo, Garnacha, Mazuelo, Graciano und kurioserweise auch noch aus einer weißen Sorte zusammensetzen, die Viura heißt. Der ungarische Süßwein Tokajer setzt sich zusammen aus Furmint, Gelbem Muskateller und dem schwer zu bewältigenden Hárslevelü (ein Name voller Poesie und Schönheit, der übersetzt Der Lindenblättrige bedeutet). Und Champagner aus Pinot meunier, Pinot noir und Chardonnay. Ist doch ganz einfach! *Einfach nur merken...*

Zitrone am Morgen

Orangen, Zitronen, Pampelmusen, Grapefruits, Limonen, Limetten, Clementinen, Mandarinen, Blutorangen, Bitterorangen oder Pomeranzen, Navelinas, Bergamotten, Kumquats, Mineolas, Pomelos, Satsumas. Das sind die Zitrus-

4711-Sorten

*Rebsorten, aus denen über-
aromatische und süße Weine
gemacht wurden. Konsequenz
des zwanghaften Technikopti-
mismus im deutschen Weinbau
der 60er- und 70er-Jahre des
letzten Jahrhunderts, als
parfümierte Trinkmarmelade
die traditionellen Rebsorten
verdrängte.*

früchte, die wir kennen. Wie viele es sonst noch gibt, wissen wir nicht, aber eines wissen wir genau: Die Dinger sehen alle anders aus, schmecken anders und haben unterschiedliche Eigenschaften. Bitterorangen zum Beispiel kann man nur zu Marmelade verarbeiten und ein großes Glas frisch gepresster Zitronensaft ist der richtige Start in einen dynamischen Morgen.

Wir haben bestimmte Vorlieben bei Zitrusfrüchten. Gleiches gilt für Komponisten, Musiker, Künstler, Architekten und – wie sollte es anders sein – auch für Rebsorten. Unter den Myriaden von Rebsorten gibt es bekannte und unbekannte, beliebte und unbeliebte, brauchbare und unbrauchbare, Stars und Starlets.

Wie in jeder Branche gibt es auch im Weinbusiness Trends. Die Rebsorten wechseln hier zwar nicht so schnell

Plateau-shoe-Weine

*Weine mit einer künstlich auf-
gesetzten, trendgängigen
Aromatik, die äußerst hip sind,
aber in ihrer geschmacklichen
Balance ständig unter Gleich-
gewichtsstörungen leiden.
Werden über das Tankstellen-
netz vertrieben.*

wie die Modellpaletten in der Automobilindustrie, aber es gibt jede Menge Moden, weil die Leute glauben, allein der Name garantiere für Qualität. So sind zum Beispiel seit einigen Jahren Prosecco und Pinot grigio en vogue und auch der Chardonnay boomt immer noch. Doch Trendsorten sind nicht automatisch gut, weil sie gerade *in* sind. Wer nur Modewein trinkt, wird Wein nie begreifen, genau wie jemand, der nur Autobahn fährt, die Landschaft nicht sieht. Gerade die kleinen Nebenstraßen sind am schönsten – auch beim Wein sind sie wichtiger als die Highways.

Wichtige Weißweinsorten

Auxerrois, Chardonnay, Chasselas, Chenin blanc, Gewürztraminer, Grauburgunder, Grüner Veltliner, Kerner, Müller-Thurgau, Muskateller, Pinot blanc, Pinot gris, Riesling, Ruländer, Sauvignon blanc, Silvaner, Weißburgunder.

Wichtige Rotweinsorten

Barbera, Blaufränkisch, Cabernet franc, Cabernet Sauvignon, Dolcetto, Gamay, Grenache, Kadarka, Lambrusco, Lemberger, Merlot, Montepulciano, Nebbiolo, Pinot noir, St. Laurent, Sangiovese, Spätburgunder, Syrah, Tempranillo, Zinfandel.

Die Highways – Populäre Rebsorten

Nicht immer sind die Rebsorten, die in aller Munde sind, die besten. Daher haben wir die Rebsortenwelt in Highways und Nebenstraßen unterteilt. Beginnen wir mit der Autobahn, also gut anschnallen und kräftig Gas geben!

CHARDONNAY
Global agierender Konzern mit Zweigwerken auf allen Kontinenten. Leitwährung im internationalen Weißweinbusiness. Rücksichtslos bei feindlichen Übernahmen.

In Frankreich gibt es ein berühmtes Weinbaugebiet. Es heißt Burgund und in seiner Mitte liegt die *Côte d'Or,* der goldene Hang. Von hier stammen die teuersten Weißweine der Welt; sie werden allesamt aus der Rebsorte Chardonnay gekeltert. Die berühmtesten Exemplare wachsen auf winzigen Parzellen, so genannten Grand-cru- und Premier-cru-Lagen, die den Weinen einen ganz eigenständigen Charakter verleihen. Sie sind nach den Dörfern der Côte d'Or benannt: Mersault, Puligny-Montrachet, Pouilly-Fuissé. Für diese Weine muss man richtig tief in die Tasche greifen, weil sich die Weinfreaks aus der ganzen Welt die Finger nach ihnen lecken.

Nach dem Krieg entdeckte einer, dass es nicht nur im Süden des Burgunds hervorragenden Chardonnay gibt, sondern auch im Norden, in der Region *Chablis*. Der Wein heißt genauso: *Chablis* – aber auch von ihm existierten nur kleine Mengen. Diesen Wein schaffte er nach Paris. In den Bistros schlug das Zeug ein wie eine Bombe. Irgendwann tauchte der Chablis sogar in Amerika auf.

Das Chardonnay-Imperium – ein Wein geht um die Welt

Das Burgund ist die Basis, von der die Rebsorte Chardonnay ihren unvergleichlichen Siegeszug um den Erdball angetreten hat. In den 60er-Jahren erreichte der Lebensstandard in den USA ungeahnte Höhen. Und als es Neil Armstrong endlich gelungen war, sich durch die enge Luke des Mondlandefahrzeugs zu quetschen, um den Erdtrabanten mit dem Sternenbanner zu entjungfern, tat er das natürlich nicht für die Menschheit, sondern um es zu beweisen: *Sie* hatten es ihnen gezeigt – den *commies,* den Chruschtschows und den Gagarins. Jenes Ereignis war nicht nur denkwürdig, weil es über 250 Millionen amerikanische Color-TVs flimmerte, sondern weil das Korkenknallen ein seismisch nachweisbares Beben in den USA auslöste.

Dies war die Stunde des kalifornischen Weinbaus, nicht der bemannten US-Raumfahrt! Die Winemaker hatten erkannt, dass da direkt vor ihrer Haustür ein gigantischer Markt schlummerte, den sie den *frogs* bloß wegzunehmen brauchten. Seit Gene Kelly als *Ein Amerikaner in Paris* getanzt und Audrey Hepburn als *Sabrina* unter dem Eiffelturm das Kochen gelernt hatte, waren die Amis voll auf dem Frankreich-Trip. Von New York bis L.A. tobte die französische Welle – *Savoir-vivre* überall. Nur Armstrong hopste in seinen Moonboots auf dem Mond herum.

Die kalifornischen Winzer setzten voll auf Frankreich und pflanzten, was als die Ikone des Weins schlechthin galt:

Chardonnay. Bis zum Horizont. Komplett künstlich bewässert. Sie versuchten alles, um den Inbegriff des französischen Weins zu kopieren und den amerikanischen Massenmarkt zu bedienen. Dazu eignete sich natürlich nichts besser als der klangvolle Name Chablis. Also schrieben sie ihn aufs Etikett, ganz gleichgültig, ob das einen Durchschnittsamerikaner nun vor unlösbare Probleme bei der Aussprache stellte oder nicht. Erst als die Regale in den *shopping malls* unter der Last des amerikanischen Chablis zusammenkrachten, kam ein cleverer Kopf aus dem Napa Valley auf

Varietalism

Die Sorte ist alles, der Boden nichts. In der Neuen Welt verbreitete Ansicht, nur die Rebsorte habe entscheidenden Einfluss auf die Weinqualität, nicht aber Parameter wie Boden und Klima:"If you can make it here, you can make it anywhere."

die Idee, nach Frankreich zu fahren, um rauszukriegen, wie man Wein überhaupt macht. Sein Name war Robert Mondavi. Er war der Erste, dem es gelang, in Kalifornien *echten* Wein zu produzieren, und er nannte ihn wie die Rebsorte: *Chardonnay.* Das konnte selbst der letzte *potatohead* aus Idaho aussprechen.

Kalifornien war das erste Land, das der Chardonnay handstreichartig eroberte, von dort hat er sich wie ein Lauffeuer an der gesamten Westküste ausgebreitet und bei den Massenweinen einen neuen Stil geprägt: schwer, breit und fett. *Couchpotato wine*, der nichts, aber auch gar nichts mit dem echten Chablis zu tun hat – eine Kopie eben. Und weil das Chardonnay-Business in Kalifornien so schön flutschte, folgte der Rest der Welt im Handumdrehen. Deshalb imitieren heute australische, südafrikanische, neuseeländische und chi-

Terroir

Der Boden ist alles, die Sorte nichts. Überzeugung in der Alten Welt, Boden, Klima und Alter der Rebstöcke seien die Garanten für Spitzenqualität. Ideologische Wunderwaffe aus Frankreich im Weinkrieg gegen die Neue Welt: „Le terroir, c'est moi!"

lenische Weinmacher auf Teufel komm raus kalifornischen Chardonnay – Kopien von Kopien eben. Dass heute auch im Chablis Chardonnays gemacht werden, die die Kopien von den Kopien nachahmen, gehört zu den Treppenwitzen der Weingeschichte.

Original und Fälschungen

Weil sich die meisten Weintrinker keinen teuren Burgunder leisten können, wollen sie doch wenigstens einen Wein aus der Prestige- und Glamourtraube Chardonnay trinken. Am Beispiel dieses Globetrotters lassen sich die Mechanismen im Weingeschäft besonders gut, ja exemplarisch ablesen – deshalb an dieser Stelle unsere Warnung: Wann immer Ihnen Weine mit einem *Superimage* zu Spottpreisen begegnen, müssen bei Ihnen automatisch die Alarmglocken läuten.

Die Chardonnays aus Übersee sind häufig alkohollastig, ölig, ermüdend und ähneln in ihrer Aromatik eher *Juicyfruit*-Kaugummi und *Marshmallows*, unterlegt mit einer gehörigen Portion Flüssigholz, als eleganten, essenskompatiblen Weinen. Eleganz hat nämlich immer etwas mit Säure zu tun, aber damit sind die in Kalifornien nicht gerade gesegnet. Dafür ist es dort einfach zu heiß.

Flying Winemaker
Miles-and-more-Önologen, die die Globalisierung des Weinbaus vorantreiben: „Noch zweimal zu Allesverlooren runter ans Kap, dann krieg ich meine Emirates-Platinumcard."

Die Chardonnitis tobt auf der ganzen Welt. Wer jemals in seinem Leben – und das dürfte wahrscheinlich so ziemlich jeder sein – Übersee-Chardonnay getrunken hat, wird nie auf die Idee kommen, dass die Amis/Aussies/Chilis/Kiwis/Kappies bei der Produktion ihrer Plagiate tatsächlich Mersault, Le Montrachet & Co. zum Vorbild haben. Das Renommee und der sagenhafte Preis der in Miniaturauflage hergestellten weißen Burgunder ziehen die Kopisten noch immer magisch an. Schon beim Namen der

Weinlegende Le Montrachet für 129 Euro hören sie die
Scheine knistern.

Nur eines haben sie dabei übersehen: Wenn der Chardonnay im heißen Wüstenklima unter der erbarmungslosen
Hitze ächzt und stöhnt, dann schmeckt er nur noch nach
Banane. Und 15 Prozent Alkohol machen ihn auch nicht gerade sympathischer.

Im Hot Climate lässt sich der Chardonnay leicht, billig
und schnell produzieren und gewinnbringend verkaufen.
Heute ertrinkt die Weinwelt in einem gigantischen Char-
donnay-Meer aus Kalifornien, Australien, Chile, Neuseeland
und Südafrika. Es wird nicht mehr lange dauern, bis der
Bananenweinmarkt zusammenbricht.

→ **Chardonnay: Das Original kommt aus dem
Burgund und wird nach den Orten oder Lagen
benannt**

→ **Im Cool Climate ist der Chardonnay elegant
und fein, im Hot Climate breit und
fruchtbetont**

→ **Unter 12 Euro bekommt man aus Übersee nur
Industrieware**

GRAUBURGUNDER
*Alias Ruländer, alias Pinot gris. Künstlername: Tokay d´Al-
sace. Deckname: Pinot grigio.*

Der Grauburgunder treibt seine Maskerade bis zur Perfek-
tion und taucht mittlerweile unter fünf verschiedenen Namen auf: Grauburgunder nennt er sich in Deutschland,
wenn er als trockener, und Ruländer, wenn er als süßer Wein
auftritt. Pinot gris nennt er sich in Frankreich, im Elsass ist
er auch unter Tokay d´Alsace bekannt. Diesen Codenamen

hat er sich dort als edelsüßer Wein zugelegt. In Italien schließlich treibt er als Pinot grigio sein Unwesen.

Eine Sekunde – Grauburgunder soll dasselbe sein wie Pinot grigio?!

Aber ja! Viele Rebsorten leiden unter dem Dr.-Jekyll-und-Mr.-Hyde-Syndrom: An dem einen Ort können sie großartige Weine hervorbringen, an dem anderen fallen sie langweilig aus. Kein Wunder, dass letztere Variante mit Vertretern aus dem Veneto oder dem Grave del Friuli besonders in Deutschland auf fruchtbaren Boden gefallen ist. Leider fallen die Deutschen besonders gerne auf wohlklingende Namen herein. Wie das Zeug schmeckt, scheint ihnen egal zu sein.

Dass der Grauburgunder so viele verschiedene Namen trägt, kommt nicht von ungefähr. Sie spiegeln seine Fähigkeit wider, in ganz unterschiedlicher Weise auf unterschiedliche Wachstumsbedingungen zu reagieren. Ein Tokay d'Alsace ist barock und üppig wie ein Rubensmodell, ein im Barrique gelagerter Pinot gris schwer und ölig. Doch gibt es auch schlanke, säurebetonte Grauburgunder ohne Holzaromatik, die im Gegensatz zum norditalienischen Massen-Pinot-grigio wirklich fein sind. Grauburgundertrauben bilden von Natur aus viel Zucker und werden früh reif, gleichzeitig haben sie relativ wenig Säure. Aus diesem Grund ist der Pinot grigio bei den Winzern im Veneto so beliebt. Sie ernten den gesetzlich erlaubten Maximalertrag oder mehr und reichern den Most kräftig mit Zucker an, um den Alkohol zu pushen. Und ab geht die Post über den Brenner. Meistens im Tanklastzug.

Immer wieder anders

Gewissenhaft arbeitende Winzer ringen dem Grauburgunder alle seine schönen Seiten ab und machen aus ihm Weine, die nach Birne, Melone, Heu und leicht nach Rauch duften.

Guten italienischen Pinot grigio produzieren einige namhafte Erzeuger aus dem Collio del Friuli. Sie kosten meist 10 Euro und mehr.

In Deutschland kommen die besten Grauburgunder aus Baden und der Pfalz. Gute Kabinette und Spätlesen kann man schon ab 5 bzw. 6 Euro auftreiben.

$\rightarrow$ **Grauburgunder: Das Original kommt aus dem Cool Climate**

$\rightarrow$ **Vorsicht vor Pinot grigio aus dem Grave del Friuli!**

$\rightarrow$ **In Rheinhessen, der Pfalz, Baden und dem Elsass gibt es gute Grauburgunder schon ab 4 Euro**

MÜLLER-THURGAU

Die Mutter aller Neuzüchtungen. Von den Weinbauverbänden hat der Müller-Thurgau kürzlich eine neue Identität erhalten. Er nennt sich jetzt Rivaner. Wir nennen ihn Müller-Turbo.

Über Müller-Thurgau alias Rivaner gibt es nicht viel zu berichten, außer dass er in Deutschland lange Zeit Marktführer war und sich unser Volk immer noch redlich Mühe gibt, ihn im eigenen Land wegzusaufen. Doch der Deutschen Kehlen Durst ist nicht groß genug für diese Herkules-Aufgabe, folglich wird der Ex-Müller immer noch mit anderen Remittenden zu Trinkmarmelade wie *Liebfrauenmilch, Blue Nun, Black Tower* und ähnlichen Deriva-

Die blaue Nonne geht ab wie die Post

Plagiate deutscher Kellereien auf der Basis von Müller-Thurgau: Black Tower, Liebfraumilch und Blue Nun atomisierten das Image des deutschen Weins für die nächsten 20 Millionen Jahre.

ten verschnitten. Und zwar im ganz großen Stil – natürlich zu Kampfpreisen. Mit diesen zweifelhaften Botschaftern beglückt unsere Weinwirtschaft jede Menge Engländer und Amerikaner im Namen des deutschen Weines. Ein ganz trauriges Kapitel.

Zur Ehrenrettung des Müller-Thurgau berichten wir an dieser Stelle aber auch, dass es in Baden und Franken anständige, mitunter interessante Weine aus dieser Rebsorte gibt. Nichts zum Meditieren, aber picheln lassen sie sich sehr gut. Mehr darüber im Serviceteil im Anhang.

→ **Müller-Thurgau alias Rivaner: nicht immer so schlecht wie sein Ruf; in Franken und Rheinhessen gibt es Überraschungen für 3 bis 4 Euro**

SAUVIGNON BLANC
Sie küssten und sie schlugen ihn.

Der Sauvignon blanc hat eine ähnliche Karriere gemacht wie der Chardonnay, nur ist sie nicht ganz so durchschlagend und erfolgreich verlaufen. Der Ruhm dieser Rebsorte basiert auf den großen Weinen von der Loire aus den Anbaugebieten Sancerre und Pouilly-Fumé. Diese Weine aus dem kühlen Klima des Loiretals mit seinen atlantischen Einflüssen sind echte Individualisten, flüssige Konstruktionen aus Gusseisen und geschmiedetem Stahl, und sie spalten die Weinwelt in zwei sich feindlich gegenüberliegende Lager, weil sie so unglaublich kompromisslos sein können.

Liebe und Hass

Ein großer Sauvignon blanc polarisiert. Bei ihm gibt es kein Vielleicht, kein Dazwischen, nur ein *Ich-liebe-dich* oder ein *Ich-hasse-dich*. Dieser Wein setzt einem das Messer auf die Brust, man muss sich für oder gegen das Grüne und Grasige, den Sellerie, die Brennnessel und die grüne Paprika entscheiden. Und man muss seine Mineralität mögen, die wie eine Steinstaubwolke riechen kann. Das Ganze ist mit einer gehörigen Portion knackiger Säure gewürzt. Und auch die Preise sind gepfeffert: Ab 10 Euro aufwärts wird es bei einem Sancerre interessant, für einen Pouilly-Fumé muss man schon 15 Euro hinblättern.

Sauvignon-blanc-Weine aus Übersee sind in der Regel Witzfiguren, ohne Säure, ohne grüne Aromen. Doch eine Ausnahme gibt es in der so genannten Neuen Welt, es ist der Sauvignon blanc aus Neuseeland, der etwas breiter und charmanter als der von der Loire ausfällt.

Erstaunliches gibt es aus Österreich zu berichten. Dort ist der Sauvignon blanc in der Steiermark traditionell vertreten und entwickelt in guten Jahren eine klassische Aromatik, die die einen großartig finden, die anderen arrogant.

Übrigens: Wenn Sauvignon blanc zu Artischocken oder Spargel getrunken wird, kann das ein einschneidendes kulinarisches Erlebnis sein.

→ **Das Original kommt aus dem Cool Climate von der Loire**

→ **Auch in der Steiermark gibt es Überraschungen**

→ **In Übersee fällt der Sauvignon meistens breit und dickfellig aus**

PROSECCO
Weiße Rebsorte, aus der Perlweine gemacht werden. Meist ein gnadenlos missbrauchter Massenträger. Viel Müll im Umlauf! Aus der DOC Conegliano-Valdobbiadene kommt besserer Stoff.

ÜBUNG 12   *Kaufen Sie sich eine Spraydose blauen Lack und ein Sechserpack Kellergeister. Lackieren Sie die Flaschen. Laden Sie zu einem Brunch ein (Rucola, Räucherlachs, Tiramisù nicht vergessen) und stellen Sie die getunten Flaschen auf den Tisch.*

Von dem Ersparten kaufen Sie sich eine Flasche richtigen Prosecco di Conegliano-Valdobbiadene DOC.

Wir werden Ihnen eine schöne Geschichte erzählen. Aber nur, wenn Sie uns versprechen, sich in Zukunft nicht mehr von den Bindfäden, die um die Korken gebunden sind *(ist ja toll, ein handgefertigtes Produkt!)*, aufs Kreuz legen zu lassen. Über Prosecco ist ja sowieso schon alles gesagt worden, zum Beispiel, dass ihn der Münchner Modezar Mooshammer in der Schwabinger Schickeria gesellschaftsfähig gemacht hat, weil die blauen Flaschen so gut zur Haarfarbe seiner Mutter passten. Oder dass Prosecco eine Rebsorte ist und keine Herkunftsbezeichnung. Und dass *secco* nichts mit trocken zu tun hat und erst recht nichts mit Sekt.

Prosecco ist eines der großartigsten Getränke, die wir in unserem Leben kennen lernen durften. Wir betrachten es als Privileg, zu den Auserwählten zu gehören, denen das Glück beschieden war, sich am Prosecco berauscht zu haben, bevor die Rufmörder auf den Plan traten und uns den Spaß an diesem Balsam vergällten. Was haben wir für Nächte durchgefeiert mit Prosecco! Wie viele trockene Partys wurden durch Prosecco zu rauschhaften Orgien, wie vielen Freunden haben wir im Morgengrauen ein akzentfreies *ciao!* hinterhergeworfen? Kein Brunch, kein One-Night-Stand ohne Prosecco. Prosecco ist ein Lebensgefühl, Prosecco ist eine Philosophie, Prosecco ist eine Religion!

Für uns bräuchte in den Flaschen nur Luft zu sein, so sehr berauschen wir uns allein am Klang: Pros*h*ecco – dieser kleine Zischer in der Mitte, da kriegen wir eine Gänsehaut, das ist knisternd erotisch. Einfach *crisp*! Beim Prosecco geht es doch nicht um den Inhalt. Hauptsache, es bitzelt und man bekommt dieses italienische Feeling… na, Sie wissen schon.

Deshalb werden wir Ihnen auch nicht erzählen, dass der meiste Prosecco in der Poebene wächst, wo ihn die Weinbauern auf einen Ertrag von 30 000 Liter pro Hektar hochpeitschen – das sind etwa 10 Flaschen pro Rebstock! Und wir werden Ihnen auch vorenthalten, dass die Deutschen im Prosecco-Verbrauch einsame Spitze sind. Wir möchten Ihnen viel lieber etwas über das reizende Weinbaugebiet erzählen, aus dem der Prosecco di Conegliano-Valdobbiadene kommt. Dort gibt es sogar einige Spitzenlagen; eine von ihnen heißt Cartizze. Und wenn man das Glück hat, einen Prosecco von dort zu ergattern, könnte man fast die ganzen Nörgler vergessen, die uns den Prosecco madig gemacht haben. Ein richtig guter Prosecco schmeckt immer ganz leicht nach Akazienblüten und… hm, wie sollen wir es nur sagen? Er schmeckt irgendwie immer ein wenig nach… Blumenwasser. Aber das muss so sein, das ist Ausdruck seines Terroirs. Ein Cartizze ohne Blumenwasser ist kein richtiger Cartizze.

Aber eines wollen wir Ihnen zum Schluss doch noch anvertrauen: In der Kernzone des Prosecco, der DOC Conegliano-Valdobbiadene, werden rund 38 Millionen Flaschen pro Jahr produziert – mehr geht nicht. Doch pfeifen es die Spatzen von den Dächern, dass in Deutschland etwa *doppelt so viel* Prosecco mit dieser Herkunftsbezeichnung verkauft wird. Wo die vielen Flaschen nur alle herkommen?

→ **Prosecco: klingt gut, ist aber meist ein Horrortrip**

→ **Aus der DOC Conegliano-Vadobbiadene stammen die besten Proseccos, sie kosten mindestens 5 Euro**

→ **Der Frizzante hat weniger Druck und ist billiger als Spumante**

SANGIOVESE
Sangiowas!?
Dürfen wir dolmetschen? Zu Deutsch: Chianti.
Dann ist ja gut!

Kapiert? Der populärste Wein Italiens wird überwiegend aus der Rebsorte Sangiovese vinifiziert, heißt aber nicht so. Mit dem Chianti ist es ja so eine Sache. Der profitiert auch von seinem Image, das aber im Gegensatz zum Chablis vom Mythos des Einfachen lebt. Was wir heute als Chianti kennen, ist eigentlich gar keiner mehr.

Büstenhalter und Tropfkerzen

Es geschah im Jahr 1968. Damals setzte sich eine Karawane von klapprigen R4, Enten und VW-Bussen über die Alpen in Bewegung und ergoss sich in die Toskana. Hinter den Hartkunststofflenkrädern saßen im Strassenkampf erfahrene Berufsstudenten mit Vollbart und Studentinnen der Gesellschaftswissenschaften, die dem bourgeoisen BH für immer abgeschworen hatten. Sie kamen aus Berlin, Frankfurt, Tübingen und all den anderen Apo-Hochburgen. Nachdem sie den kapitalistischen Alpenwall mit ihren Klapperkisten erfolgreich überwunden hatten, setzten sie ihre Jesuslatschen auf die unberührte toskanische Erde. Und was fanden sie? Die Urflasche. Und um sie herum saßen glückliche Eingeborene, die von Fernsehen und Bildzeitung, den Segnungen des Kapitalismus, verschont geblieben waren. Arme, glückliche Kommunisten und Dauersonnenschein – *das gelobte Land*! Die Kommunarden erkannten in ihrer durch den revolutionären Kampf erweiterten Wahrnehmungsfähigkeit, dass sich in diesem bastumschlungenen Kultgefäß eine neue bewusstseinserweiternde Droge befand, die sie wie das Raumschiff Orion in die noch unentdeckten Galaxien des Aussteigerdaseins befördern würde.

Der Rest dieser Geschichte ist Geschichte. Die Toskanapioniere luden sich für die Rückfahrt die Busse und Käfer bis zum Achsbruch voll und lösten so den unvergleichlichen Siegeszug des Chianti in Deutschland aus. Außerdem ließen sich die leeren Bastflaschen ganz hervorragend als stimmungsvolle Kerzenhalter verwenden, für die die Stearinindustrie eigens die *Tropfkerze* entwickelte.

Seitdem hat sich beim Chianti einiges geändert. Die Bastflasche ist verschwunden und auch der Wein ist nicht mehr, was er einmal war. Aus dem bäuerlichen Tisch- und Tageswein wurde ein Exportschlager.

Bei Produzenten, die nicht auf Masse, sondern auf Klasse setzen, findet man Chianti, der sein Geld wert ist. Für einen guten Chianti muss man um die 6 Euro anlegen. Steht Riserva auf der Flasche (längeres Fass- und Flaschenlager), sollte man mit 8 Euro rechnen.

Dann gibt es noch das Chianti Classico, die Kernzone des Chianti-Gebiets. Hier gibt es viele Hügel, das Klima ist rauer, die Weine fallen vielschichtiger aus und sind teurer. Unter 10 Euro ist kaum ein guter Chianti Classico zu finden. Im Montalcino, ein paar Hügel weiter südlich, schrauben die Winzer aus dem Brunello, einem nahen Verwandten des Sangiovese, den Ferrari unter Italiens Rotweinen zusammen: Brunello di Montalcino – leistungsmaximierte Boliden mit hochwertiger Gerbstoffausstattung und hohem Drehmoment.

Bleibt noch der Vino Nobile di Montepulciano (leicht zu verwechseln mit der gleichnamigen Rebsorte). Er ist sozusagen der Bentley unter den Chianti-Weinen: bequem, elegant und seriös. Bei 12 bis 15 Euro geht es los.

$\longrightarrow$ **Ein guter Chianti kostet mindestens 5 Euro**

$\longrightarrow$ **Chianti Classico und Vino Nobile di Montepulciano sind die Königsklassen – gibt's ab 10 Euro**

$\longrightarrow$ **Rosso di Montepulciano kann eine preiswerte Alternative sein – ab 6 Euro**

$\longrightarrow$ **Brunello di Montalcino ist immer überbezahlt**

CABERNET SAUVIGNON
Neben Chardonnay der zweite Global Player im internationalen Wein-Business.

Weil sich im Bordeaux, dem wichtigsten Rotweingebiet der Welt, so gut wie alles um den Cabernet Sauvignon dreht, dreht sich die ganze Rotweinwelt um diese Rebsorte. Wer sich in der Weinszene als Insider outen will, nennt ihn kumpelhaft Cabernet, und wer auf kalifornischen Cabernet geeicht ist, ruft ihn nur noch *Cab*.

Der Ruf des Cabernet Sauvignon ist so untrennbar mit Bordeaux verbunden, dass er dort nicht einmal mehr auf dem Etikett erwähnt wird. Was der Chardonnay für das Chablis bedeutet, repräsentiert der Cabernet Sauvignon für das Bordeaux. Und weil die Preise auf der Bordeaux-Preisskala nach oben hin offen sind, versucht fast die gesamte Rotweinszene unseres Planeten den Bordeaux zu imitieren, weil sich dann richtig Schotter machen lässt. Die Aktiennotierung an der Cabernet-Börse diktiert die Ausbreitungsgeschwindigkeit dieser Rebsorte. In den letzten Jahren ist der Preis für berühmte Bordeaux-Gewächse wieder einmal explodiert. In gleichem Maße hat sich der Cabernet Sauvignon wie eine Seuche ausgebreitet. In Südafrika. In Kalifornien. In Neuseeland. In Australien. In Südamerika. In Spanien und Italien. Und natürlich auch in Deutschland. Er ist ü-ber-all.

Der Cabernet Sauvignon macht es den Winzern aber auch so richtig leicht, er ist anspruchslos, bringt massenhaft Ertrag und hat einen unverwechselbaren Geschmack. Doch einen Haken hat die Sache: Der Cabernet Sauvignon braucht lange, um zu reifen. Wenn er unreif geerntet wird, schmeckt der Wein grasig-grün und nach Paprika. Kein Wunder, dass er vor allem im gleichmäßig warmen, fast heißen Klima der Neuen Welt kultiviert wird, wo er in jedem Jahr vollkommen ausreifen kann. Allerdings gehen ihm unter derart optimalen Bedingungen schnell Finesse und Komplexität verloren, also genau das, wofür die großen Rotweine aus dem Bordeaux berühmt sind.

Subskription
Kauf von Weinen vor der Lese. Riskantes Termingeschäft, eine Variante des russischen Roulettes. Führt irgendwann zum Weinbörsencrash: „Die 200 Kisten Château Concours waren ein heißer Tipp von Henry Rosenstock."

Die drei Musketiere

Die Erfolgsstory des Bordeaux lebt auch vom ausgesprochenen Sicherheitsgespür seiner Winzer, frei nach dem Motto: „Einer für alle, alle für einen." Wenn es eine Rebsorte aufgrund unglücklicher Witterungsbedingungen aus dem Sattel haut, dann springt eine andere für sie ein. Die Mitglieder des Rebsorten-Triumvirats:
– Cabernet Sauvignon
– Merlot
– Cabernet franc

Jede hat ihre Stärken und Schwächen, die die Winzer gewinnbringend für sich zu nutzen wissen. Wenn eine der drei das Klassenziel nicht erreicht, wird in der Assemblage ein höherer Anteil der beiden anderen eingesetzt, um die Schwächen zu kompensieren. Die Zusammensetzung der Weine wird auf dem Etikett übrigens nicht deklariert. Dieses System ist ausgesprochen erfolgreich, die Weinwelt spricht anerkennend vom Bordeaux-Blend.

Wer bietet mehr?

Eine Flasche Bordeaux kann 4 oder 400 Euro kosten. Doch auch noch beim billigsten zahlt man für das Image der berühmtesten aller Weinbauregionen mit. Deshalb gibt es mehr überbezahlte Weine als solche, die ihr Geld wirklich wert sind. Ein Bordeaux unter 7 Euro ist meistens unbrauchbar, also bestens geeignet, ihn wegen seines schönen Etiketts weiterzuverschenken. Das Wort Château wird darauf nur selten fehlen, selbst wenn der Wein in der Flasche – pardon – *merde* ist. Château, Schloss – man sieht es regelrecht vor sich, das ehrwürdige Gemäuer. In Wirklichkeit sind es häufig Klitschen oder gigantische klimatisierte Großkellereien, die mit einem Schloss so viel zu tun haben wie eine brasilianische Favela mit Versailles. Die richtigen Châteaux wie Margaux oder Latour sind zwar wirkliche Schlösser, aber ihre Weine können sich praktisch nur noch Waffenschieber, Mafiosi oder Immobilienmakler leisten.

Vorsicht Falle!

Im Bordeaux gibt es viele Châteaux, die sich so ähnlich wie berühmte Weingüter nennen. Bezeichnungen und Zusätze wie Belair, Haut-Brion, Le Pin, Figeac, La Tour gibt es wie Sand am Meer – oft sind es nur ein paar Silben, die sie von den wirklich berühmten großen Châteaux und deren sagenhaften Rotweinen unterscheiden. Die Anbieter solcher Weine warten nur darauf, dass Sie ihnen in die Falle gehen.

Guter Bordeaux ist teuer und braucht in jedem Fall ein paar Jahre Flaschenreife. Werden große und teure Bordeaux mit Sätzen angepriesen wie *... schon jetzt zu trinken, kann aber noch zehn Jahre und mehr lagern...,* dann ist das reine Irreführung. Frühe Trinkreife und gleichzeitig lange Lagerfähigkeit schließen sich grundsätzlich aus. Diesen unseriösen Verheißungen sollte man nicht auf den Leim gehen, sie sind nichts als hohle Werbesprüche.

$\longrightarrow$ **Cabernet Sauvignon: Das Original stammt aus dem Bordeaux**

$\longrightarrow$ **Kopien gibt's wie Sand am Meer – auf der ganzen Welt**

$\longrightarrow$ **Ein guter Bordeaux braucht ein paar Jahre Flaschenreife und kostet mindestens 5 Euro**

$\longrightarrow$ **Kalifornische und australische Cabernets unter 12 Euro sind Industrieware**

DORNFELDER
Die Rübe unter den Reben.

Ursprünglich wurde der Dornfelder gezüchtet, um hellen Rotweinen mehr Farbe zu geben – im Prinzip eine unbedeutende Nebenrolle, aber aus dem Statisten ist inzwischen ein beliebter Volksschaupieler geworden.

Der Dornfelder hat von vielem ein bisschen, aber von nichts richtig, außer zu viel lila Farbe. Bei ihm stimmt einfach nichts. Schon nach einem Glas sieht man aus wie Graf Dracula persönlich. Das werden wir ihm nie verzeihen.

Dornfelder
Genug kann nie genügen: „Neu! Mega-Red, der ultimative Farbverstärker für die Dornfelder-Farbextraktion!"

Was macht ihn bloß so populär? Seine einfallslose Pikanterie und seine bitzelnde Säure können es bestimmt nicht sein. Der Dornfelder ist ein Gaukler, er spielt geschmackliche Tiefe nur vor und die Leute trinken ihn sich schön, weil er sie glauben lässt, er hätte irgendetwas mit Bordeaux zu tun. In Wirklichkeit ist der Dornfelder ein fauler Trittbrettfahrer, der seine beispiellose Karriere dem Rotweinboom verdankt.

→ **Finger weg vom Dornfelder!**

GAMAY
Hinter dieser harmlosen und unbekannten Sortenbezeichnung verbirgt sich ein notorischer Kleinkrimineller mit einem Vorstrafenregister, das so lang ist wie die Tour de France.

Pünktlich gegen Ende November wird auch in der heruntergekommensten Spelunke der westfälischen Biermetropole Dortmund das blauweißrote Plastikfähnchen ins Fenster gehängt. Auf den Tischdecken glänzen dann zahllose Tischaufsteller aus plastikkaschiertem Karton mit dem Aufdruck *Le Beaujolais nouveau est arrivé!* Selbst der letzte westfälische Suffkopp fühlt sich dann wie Jacques Brel.

Ach Frankreich, wie weit ist es mit deinem Savoir-vivre nur gekommen! Als ob dieses rote, beißende, stahlgequälte Etwas, das einem die Kehle hinunterbrennt, irgendwas mit französischer Lebensart zu tun hätte. Dabei ist es doch in Wirklichkeit so: Was die Altbierbowle mit Cocktailfrüchten beim Bier und der Opel Calibra beim Auto, das ist der Beaujolais nouveau beim Wein.

K.o.-Weine
Das Letzte, woran ich mich erinnern kann, war das Glas mit dem Beaujolais nouveau. Danach ist alles schwarz.

Neben der Flutwelle an belanglosem Beaujolais nouveau gibt es auch noch Beaujolais-Villages aus dem gleichnamigen Weinbaugebiet. Aus Moulin-à-Vent, Chiroubles, Fleurie und Morgon kommen die besten. Es sind angenehme, gut trinkbare Weine, bisweilen sogar mit echter Klasse, wenn sich nur der richtige Winzer ihrer erbarmt. Diese Weine wachsen auf den herrlichen Hügeln im Süden Burgunds; sie werden nicht innerhalb einer Woche in die Flasche geprügelt und kosten um die 7 Euro aufwärts.

→ **Beaujolais nouveau ist die achte der sieben biblischen Plagen**

→ **Gut sind Moulin-à-Vent, Chiroubles, Fleurie und Morgon – schon ab 6 Euro**

MERLOT
Der Softie unter den Roten.

Immer wenn für einen Wein die Adjektive samtig, weich, fruchtig und rund bemüht werden, dann handelt es sich um Merlot. Sein Wappenspruch lautet: *Jedem wohl und keinem wehe.* Deshalb ist er so erfolgreich. Denn was ohne Ecken und Kanten ist, ist beliebt – wie der VW Käfer. Sympathisch, zuverlässig, aber eben ein Allerweltsgesicht.

Das Headquarter des Merlot liegt im Bordeaux, genauer gesagt im Pomerol, und heißt Château Pétrus; es ist das einzige Top-Weingut der Region, das ausschließlich Merlot im Anbau hat. Die Preise liegen bei 350 Euro pro Flasche, also etwa zwischen Mars und Merkur.

Der Merlot aus Übersee lebt ebenfalls vom Image des Bordeaux. Besonders aus Chile und Argentinien, aber vor allem aus Kalifornien ergießen sich jedes Jahr regelrechte Merlotfluten. Dies sind allesamt leicht konsumierbare Weine ohne besonderen Anspruch und bemerkenswerten Charakter – nicht besonders gut, aber auch nicht besonders schlecht.

In Norditalien ereignet sich zurzeit ebenfalls ein Merlot-Boom, schließlich ist der Italiener auch nicht auf den Kopf gefallen. Der Merlot ist dort ein hochwillkommener Ersatz für die früher üblichen bäuerlich-harten Rotweine aus den traditionellen Rebsorten und lässt sich genauso klasse an die Teutonen verkaufen wie der Pinot grigio. Die Tedescos sind ganz verrückt auf das Zeug.

→ **Merlot: Das Original stammt aus dem Bordeaux**

→ **Die Kopien sind was für Softies**

SYRAH
Überall auf der Welt heißt diese Rebsorte Shiraz, nur in Frankreich wird sie hartnäckig Syrah genannt. Die Franzosen kochen mal wieder ihr eigenes Süppchen.

Der Syrah ist ein Mustang, wild und ungezähmt. Er tobt sich gerne dort aus, wo es besonders heiß ist. Kein Wunder, dass er an der Côte Rôtie, wörtlich: gerösteter Hang, im Rhônetal zu besonders großer Form aufläuft. Die besten Weine dieser Rebsorte stammen von dort. Für den eingefleischten Syrahtrinker ist selbst Cabernet Sauvignon eine Form von Kinderbelustigung; sie mögen es in jeder Hinsicht verdichtet: schwarz, breit und stark.

Zurzeit ist der Syrah im Süden Frankreichs – im Languedoc und Roussillon – eine der populärsten Rebsorten. Dieses Comeback hat er dem guten internationalen Ruf zu verdanken, den diese Rebsorte noch überall genießt. Hunderte Hektar Weinberge werden überall gerodet und mit Syrah bepflanzt, auch in Spanien und sogar in Griechenland. So delikat und unkompliziert die meisten dieser Weine sein mögen, an die Originale von der Rhône reichen sie bis auf wenige Ausnahmen nicht heran.

High noon

Weil der Syrah die Hitze so sehr liebt, gedeiht er auch in *Down Under* prächtig. Das heiße Wüstenklima Australiens bekommt ihm ausgezeichnet, denn dort kann er vor Kraft kaum laufen – wie John Wayne beim Showdown, wenn die Sonne tief am Himmel steht, sein Lederschurz speckig über der Bluejeans glänzt und in der flimmernden Hitze nichts hängt als das Schlurfen seiner Boots im Staub.

→ **Syrah: Das Original stammt aus dem Hot Climate und wächst an der Rhône; er kann großartig sein**

→ **Braucht viel Zeit; als Côtes du Rhône gibt es ihn ab 6 Euro**

→ **Wird gerne in Australien kopiert, heißt dort Shiraz; aber unter 10 Euro gibt's von dort nur verholzte Industrieware im Coca-Cola-Stil**

Nebenstraßen – Rebsorten mit Klasse

Gut gerast. Jetzt aber die nächste Ausfahrt nehmen und gemütlich auf der Landstraße weitergondeln.

RIESLING
Die schönste Weißweinsorte der Welt, bei der sich die Deutschen ausnahmsweise mal nicht so blöd anstellen.

Es mag zwar im ersten Augenblick merkwürdig klingen, dass wir den Riesling als Nebenstraße bezeichnen, wo er doch in Deutschland die am meisten angebaute Rebsorte ist, aber global gesehen ist er ein Zwerg.

Riesling definiert sich über seine Säure. Außerdem kann er auch bei niedrigem Alkoholgehalt kraftvoll sein und ist in der Lage, das Terroir in betörender Mineralität widerzuspiegeln. Schließlich bietet er Aromen wie keine andere Rebsorte, seine Bandbreite reicht von knochentrocken bis delikat süß, und genau aus diesem Bündel von Eigenschaften ergibt sich seine Einzigartigkeit und Funktionalität: Leichter, alkoholarmer Riesling ist ideal am Nachmittag, während der ausgereifte, kraftvolle gut zum Essen funktioniert.

Süße Vergangenheitsbewältigung

Das ist Marketing: Vor ein paar Jahren sind die Rheingauer auf die Idee gekommen, ihren Riesling in eine blaugrüne, romanisch anmutende Flasche zu füllen, die sie euphemistisch *Rheingauflöte* nennen. Dieses Ding sollte die alte braune Flasche ablösen, die bis dahin üblich war. Aber kaum einer wollte diese scheußliche Flasche haben.

Warum sollte die braune Schlegelflasche überhaupt weg?

Weil der Rheingau sich auf Teufel komm raus ein Image als coole, trendige Weinbauregion verpassen will. Heutzutage glauben die Leute, trocken bedeute so viel wie gut. Da passen Flaschen, mit denen der Konsument süße Spätlesen in Verbindung bringt, nicht mehr so recht ins Konzept. Die romanische Flasche im Retro-Look ist sozusagen eine Art glasgeblasene Vergangenheitsbewältigung.

Warum haben die Leute keine Lust mehr auf süßen Wein?

Von 1960 bis 1980 wurde der Markt so lange mit molligen Tröpfchen bedient, bis sie den Leuten zu den Ohren herauskamen. Irgendwann bedeutete Spätlese so viel wie Rauhaardackel, Gelsenkirchener Barock und Paradekissen mit Handkantenschlag.

Wie kam es denn überhaupt zur süßen Welle?

Durch die Segnungen moderner Agrarwirtschaft wuchsen die Spätlesen endlich auch auf Rübenäckern und nicht mehr nur in den exklusiven Lagen. Der Wein wurde dadurch immer billiger, bis ihn sich jeder leisten konnte. Die Fortschritte in der Kellertechnik erlaubten es zudem, die Weine auch mit Restsüße auf die Flasche zu füllen. Das kam gut an. So gut, dass die Weinfreunde in USA und England noch heute glauben, deutscher Wein sei immer süß.

Wie ist die Spätlese zu ihrem guten Image gekommen?

Im 19. Jahrhundert war Rheinwein ein Exportgut, das in der aristokratischen Welt an den Höfen von London über Berlin bis St. Petersburg höchstes Ansehen genoss und auch vom aufstrebenden Bürgertum als Prestigegetränk angesehen wurde. Deshalb zahlten nicht nur der Buckingham Palace und der Zarenhof viel Geld für exklusiven deutschen Riesling, sondern auch gut geführte Bürgerhäuser, die sich mit ihrem Lifestyle am Adel orientierten. Dem konnte nicht einmal der säbelrasselnde Imperator Willem Zwo in seinem gründerzeitlichen Größenwahn etwas anhaben.

Was haben denn die Blaublüter mit dem Riesling zu tun?

Napoleon hatte Deutschland von 1806 bis 1813 besetzt – und er war noch nicht vom Pferd gestiegen, da ließ er schon die Klöster auflösen, um sie in Paris gewinnbringend zu versteigern. Nur der Adel hatte das nötige Kleingeld, um sich die Klosteranlagen mitsamt den Weinbergen unter den Nagel zu reißen. Aus Klöstern wurden Schlösser und den Reibach beim Wein machten fortan die reichen Junker höchstselbst. Nur – in den seltensten Fällen waren diese Weine süß, denn die Technik, süßen Wein haltbar zu machen, gab es damals noch nicht. Stattdessen wurden die besten Rieslinge jahrelang, manchmal auch über Jahrzehnte, in Fässern gelagert, bevor sie in den Verkauf kamen. Hochwertige Weine jung zu trinken galt als Babymord.

Warum war Rheinwein vor dem Ersten Weltkrieg ein Exportschlager?

Da er geschmacklich einzigartig und dazu besonders haltbar war, ließ er sich problemlos über weite Strecken transportieren. Der Rhein mit seinen Nebenflüssen Main, Mosel, Neckar und Nahe war die wichtigste Handelsstraße – eine Art Highway für Spitzenweine –, um ihn in die ganze Welt zu verschiffen.

Und die Klöster?

Der burgundische Zisterzienserorden half 1136 dem Weinbau im Rheintal auf die Sprünge, genau gesagt im Kloster Eberbach. Es waren also Franzosen, die den Germanen gezeigt haben, wo der Barthel den Most holt.

Der Gesang der Steine

Es ist das faszinierende Spiel zwischen Aromen, Säure und Mineralität, das diese Rebsorte vor allen anderen auszeichnet. Wenn der Riesling etwas kann, dann ist es seine Fähigkeit, die Steine singen zu lassen. In Deutschland hat man das nach dem Ende der süßen Welle lange Zeit nicht richtig begriffen. Kommt die Rede auf den Riesling, dann folgen Begriffe wie frisch, fruchtig, weißer Pfirsich und Aprikose.

Riesling braucht Zeit. Erst wenn die Intensität der Primäraromen ein wenig nachgelassen hat, beginnen die Steine zu singen. Das allerdings dauert ein bis zwei Jahre – aber diese Geduld scheint heute kaum noch einer zu haben.

Noch immer gibt es in Deutschland viel mittelmäßigen Riesling: schneidend saure Magenreißer aus dem Stahltank, klebrige Trinkmarmelade, aufgepoppt mit so genannter Süßreserve (ein steriler, unvergorener Traubensüßmost), und belanglosen Massenwein aus anonymen Großlagen. Aber trotzdem verbessert sich insgesamt die Lage an der Rieslingfront langsam. Man findet immer mehr gute Exemplare in allen deutschen Anbaugebieten, in Österreich und im Elsass.

ABC!

Anything but Chardonnay! Schlachtruf der Gegner amerikanischer Alcopop-Weine: „Fandest du nicht auch, dass der Wein gestern Abend fett war wie eine kantonesische Mastente?"

Der Alkohol ist beim Riesling sekundär; oft hat er nur 6 oder 7 Prozent und ist trotzdem voluminös. Er kann nach Schiefer schmecken, nach Vulkangestein, nach rotem

Sandstein oder nach Muschelkalk. Und auch sein Duft ist vielschichtig: Jung riecht er nach Aprikosen, Äpfeln, Pfirsichen und weißen Blüten. Im Glas ist er dann wild und ungestüm. Aber Riesling kann auch altern wie kaum ein anderer Wein. Häufig vervollkommnet er sich erst nach einigen Jahren Flaschenlagerung. Dann hat er eine faszinierende Metamorphose hinter sich und alles Aufbrausende abgelegt, besonders wenn er aus einer guten Lage stammt.

Das Beste am Riesling ist aber immer noch sein Preis. Er kostet wenig, weil seine Reputation nicht besonders hoch ist. Für 5 Euro kann man phantastische Rieslinge finden. Für 8 bis 10 Euro gibt es einzigartige Spitzenweine und für 15 Euro absoluten Weltklassestoff.

Kurzum – Riesling ist eine der attraktivsten Nebenstraßen.

$\longrightarrow$ **Der Wein, der aus der Kälte kommt, kann zum Besten gehören, was es an Weißwein gibt**

$\longrightarrow$ **Riesling passt auch als restsüßer Wein zum Essen**

$\longrightarrow$ **Riesling ist sexy**

WEISSBURGUNDER
Weißburgunder spielt seine Rolle auch als Pinot blanc und Pinot bianco.

Weiß- und Grauburgunder sind zwar eng miteinander verwandt, aber der Unterschied kann enorm sein. Während der Grauburgunder breite Epauletten hat und sich überhaupt wie ein Dreisternegeneral aufführt, kommt der Weißburgunder viel femininer, diplomatischer und eleganter daher. Er duftet nach einem Hauch Jasmin, Zitrus und Lindenblüten. In Deutschland wachsen die besten Weißburgunder in der Pfalz und in Baden. Auch aus Österreich kommen bemerkenswerte Exemplare. In der Steiermark verleiht das kühle Klima diesen Weinen ein kühles Temperament, während sie am Neusiedlersee im Burgenland immer kräftig und voluminös ausfallen.

→ **Weißburgunder kommt aus dem Cool Climate und ist ausgesprochen essenskompatibel – in Deutschland ab 4 Euro**

MUSKATELLER
Muskateller trinken ist wie eine Zeitreise zurück in die Belle Epoque. Frack, Zylinder und Glacéhandschuhe nicht vergessen!

Die schönsten Rebsorten stehen meistens auf der roten Liste. Wenn Weinberge neu bepflanzt werden, dann zieht der Muskateller immer den Kürzeren und muss den populären Globalreben Platz machen. Es ist eine Schande! Ausgerechnet der geniale Muskateller ist vom Aussterben bedroht. Wir planen die Gründung einer neuen Organisation, des *World Winelife Fund*. Er soll sich dem Erhalt bedrohter Rebsorten widmen; wir suchen noch Aktivisten, die sich an die letzten Muskateller-Rebstöcke anketten.

Im Gegensatz zu den Modeweinen strahlt der Muskateller intensiven Duft aus. Er gehört zu den Rebsorten mit dem feinsten Aroma: Alte englische Rosen, Muskatblüte und Marzipan bilden sein unwiderstehliches Parfüm.

Die interessantesten Muskateller kommen aus Baden, der Pfalz und dem Elsass und es gibt sie in den Varianten trocken und süß. Im Süden Frankreichs werden aus dieser Rebsorte bizarre Likörweine, die Muscats, gemacht, etwa der Muscat de Beaumes-de-Venise oder der Muscat de Rivesaltes. Muscadet hingegen ist etwas ganz anderes und nicht zu verwechseln mit Muskateller. Das ist ein herber Wein von der Loire, der dem Sauvignon blanc ähnelt.

$\longrightarrow$ Muskateller gibt's in der Pfalz und im Elsass schon für unter 5 Euro

$\longrightarrow$ Think global – drink local

$\longrightarrow$ Retten Sie den Muskateller!

SILVANER
Es könnte alles so schön sein …

Auf dem Laufsteg der Eitelkeiten promenieren die In-Weine. Der Silvaner muss dagegen ein Backstage-Dasein im Schatten der populären Neuzüchtungen und der immer weiter um sich greifenden Chardonnitis fristen. Vor allem in Franken, das sich als letzte Bastion dieser liebenswerten Sorte behauptet, wachsen besonders auf guten Muschel-kalkböden Silvaner der Spitzenklasse. Sie brillieren mit einer funkelnden, ziselierten Säure, lassen das Terroir großartig durchscheinen und bestechen durch eine dezent verhaltene Frucht. Bemerkenswerten Silvaner findet man auch in Rheinhessen.

Im Elsass wachsen opulente Silvaner. Dummerweise ist der Silvaner dort nicht als Grand-cru-Sorte anerkannt. Dieses Privileg genießen nur Riesling, Grauburgunder, Gewürztraminer und Muskateller. Gewöhnlich verschwindet der Silvaner zusammen mit dem Chasselas in großen Tanks und kommt *allez hopp!* als Edelzwicker wieder heraus. Die meisten Winzer pflanzen ihn leider nur in schwache Lagen, weil sie auf eine möglichst große Erntemenge erpicht sind.

$\longrightarrow$ Silvaner kommt aus dem Cool Climate und passt gut zum Essen

$\longrightarrow$ Die besten Silvaner gibt es in Franken und Rheinhessen – ab 4 Euro

GRÜNER VELTINER
7 Millionen Österreicher können nicht irren!

Wer in Österreich zum ersten Mal dem Grünen Veltiner begegnet, kann leicht den Eindruck gewinnen, die Österreicher würden ihn produzieren, um die Touristen zu erschrecken. Meistens wird er aus großen, unförmigen 2-Liter-Flaschen ausgeschenkt, den so genannten Dopplern. In den beliebten, typisch österreichischen Heurigen-Lokalen ist er das Urgetränk schlechthin. Dort wird er mit Mineralwasser auf Trinkstärke herabgesetzt und als *G'spritzer* unter die Leute gebracht. Er nimmt einen Ehrenplatz unter den Austrodevotionalien wie *Sissi*, *Sachertorte* und *Walzerkönig* ein. Mehr noch, er ist das eigentliche Nationalgetränk.

Weil ihn die Österreicher schon immer selbst weggetrunken haben, mussten sie sich nicht für ihn schämen. Als man aber begann, Wein im internationalen Maßstab zu vergleichen, wurde der Grüne Veltiner zum Schmuddelkind, ein *Uhudler*, mit dem sich außer ein paar hartgesottenen Weinbeißern niemand mehr so recht an den Tisch setzen wollte.

Ein paar Unbeugsame haben jedoch bewiesen, dass sich aus dem Grünen Veltiner doch etwas machen lässt. In der Wachau geschah das Wunder in den achtziger Jahren zum ersten Mal. Dort haben Qualitätsfanatiker Wasser in Wein verwandelt und gezeigt, dass er auf mineralischen Böden bei niedrigen Erträgen und hoher Reife zu einem wahren Kraftpaket heranwachsen kann. Nebenbei haben sie seine ordinäre Schärfe in ein kultiviertes Pfefferl umgezogen. Seitdem gibt es in der Wachau, im Kremstal, im Kamptal und jetzt sogar auch im Weinviertel Grünen Veltiner, der international gefeiert wird.

→ **Grüner Veltiner kommt aus dem Cool Climate; die besten Weine wachsen in der Wachau und im Krems- und Kamptal – ab 4 Euro**

GEWÜRZTRAMINER
Praktisch ein Muskateller mit Turbolader, so intensiv duftet er nach Rosen, Gesichtspuder und Litschi.

Sein Geschmack kann wie der Autoscooter auf dem Schützenfest sein oder wie die Berg- und Talbahn, wenn sich in der letzten Runde das Verdeck senkt und man nicht weiß, von wem man gleich geküsst wird. In jedem Fall sind eine Menge Gewürze im Spiel: Muskat, Nelken, Rosenwasser, Orangenschale – vermutlich der Grund dafür, dass auch der Gewürztraminer ein Außenseiter ist. Die allseits beliebten Weine mit ihrer Neutralität und die mit ihnen verbundenen Trinkgewohnheiten machen es dem exzentrischen Gewürztraminer schwer, verstanden zu werden. Dabei ist seine Botschaft ganz einfach: Duft und Aroma. Ein guter Gewürztraminer ist immer eindeutig, direkt und unverkennbar. Im Glas ist er von einer öligen Viskosität und seine bizarren Aromen legen sich behaglich auf die Zunge.

Die elsässischen Gewürztraminer sind von einer dreidimensionalen Körperlichkeit, vollbusige Rubensmodelle, die ihre Aromatik mit Alkohol, guter Säure und der notwendigen Restsüße untermauern. In Deutschland wächst zwar überall Gewürztraminer, aber meistens sind diese Weine nur beschränkte Entertainer. Im Süden Deutschlands (Pfalz, Baden) ist die Chance, ein prächtiges Exemplar zu finden, immer noch am größten. Generell sind die deutschen Gewürztraminer schlanker als die elsässischen.

→ **Lieben Sie intergalaktische Kurztrips? Glauben Sie an Außerirdische? Trinken Sie ab sofort Gewürztraminer – der Schuss in die Sterne …**

NEBBIOLO
Der Cäsar unter den italienischen Rotweinsorten.

Würden wir an dieser Stelle über die norditalienischen Anbaugebiete Barolo oder Barbaresco im Piemont schreiben, hätten Sie sicherlich sofort ein genaues Bild vor Augen, denn diese Regionen sind das Synonym für Nebbiolo schlechthin. Wenn aber die Rebsorte Nebbiolo nur selten auf dem Etikett auftaucht, bedeutet das nicht, dass sie minderwertig ist und die Winzer sich nicht trauen, sie zu nennen. Das Gegenteil ist der Fall: Weine aus den Gebieten Barolo und Barbaresco, die dort traditionell aus der Rebsorte Nebbiolo gemacht werden, sind seit langem für ihre Qualität berühmt. Wer eine Flasche Barolo oder Barbaresco kauft, kauft automatisch einen Nebbiolo-Wein und darf dafür mindestens 25 Euro hinblättern.

Barolo und Barbaresco können Mauern zum Einsturz bringen wie die Trompeten von Jericho, ja, sie können sich sogar in einen mitreißenden Aromastrudel verwandeln. Am Anfang wirken beide hart und unnahbar, aber wenn man in sie hineinschmeckt, dann lassen sie einen nicht mehr los. Es sind mittelrote Weine, die durch ihre lange Holzfasslagerung häufig einen bräunlichen Rand bekommen. Sie duften wunderbar nach Erde und Herbstlaub, nach Blütenblättern und Pilzen, manchmal auch nach Weihrauch und Veilchen. Dazu brauchen sie aber locker 6 bis 8 Jahre. Jung fallen Barolo und Barbaresco unters Jugendschutzgesetz! Ihre feinen Aromen sind dann noch durch die vielen Gerbstoffe überdeckt.

Barolo wird aus Nebbiolo-Trauben gemacht, die relativ lange auf der Maische, das heißt mit den Schalen, gären, um die Farb- und Gerbstoffe zu extrahieren, die in der Beerenhaut enthalten sind. Die Gärung kann bis zu 4 Wochen dauern. Dieser Rohwein kommt dann klassischerweise in große Holzfässer aus Kastanien- oder Eichenholz, wo er, wenn die Nebbiolo-Trauben aus dem Anbaugebiet Barolo stammen, bis zu 3 Jahre lang gelagert wird. In ganz besonderen Jahren mit außergewöhnlicher Traubenqualität wird der Barolo bis zu 5 Jahre im Fass gelagert, bevor er als Riserva auf den Markt kommt.

Der Barbaresco ist nicht ganz so undurchdringlich, deshalb wird ihm auch nur eine zweijährige Fasslagerung vorgeschrieben. Weil die Hügel um Barbaresco sanfter und die Temperaturen etwas höher sind als im Barolo-Gebiet, fällt der Wein entsprechend weicher aus.

Alles in Trüffelbutter?

Im Piemont hat die Erkenntnis, dass nur ein klar definierter Weinstil in der Weinwelt des 21. Jahrhunderts erfolgreich sein kann, einen bewunderungswürdigen Niederschlag gefunden. Doch in letzter Zeit häufen sich die Anzeichen, dass auch die piemontesischen Winzer von den gefährlichen Trends infiziert worden sind. Der Barolo- und Barbaresco-Stil ist bedroht, und zwar durch den Verschnitt mit Cabernet und Merlot, die dem Nebbiolo das Maul stopfen, sowie durch hypermoderne Vinifikationstechnologie und den Einsatz von Barriques. Im Piemont sind die Marmeladenwein-Tifosi am Werk, die den ursprünglichen, komplexen Stil von Barolo und Barbareso manipulieren und handzahme Designerweinchen aus ihnen machen.

$\longrightarrow$ **Der Nebbiolo kommt aus dem Cool Climate; als Nebbiolo d'Alba gibt es ihn ab 8 Euro, als Gattinara, Valtellina, Roero, Barbaresco oder Barolo kostet er mindestens 15 Euro**

GRENACHE
Dünnschalige Rotweinsorte, die gern als Massenträger oder
Rosé-Grundlage missbraucht wird. Kann bei guter Pflege aber
Rotweine von geradezu burgundischer Qualität bringen.

Selten taucht die Grenache auf dem Etikett auf – es ist eine
typische Cuvée-Sorte, die als Verschnittbestandteil von Weinen wie Côtes du Rhône, Châteauneuf-du-Pape, Collioure
oder Banyuls populär ist. Nicht nur in Frankreich, auch in
Spanien wird sie angebaut (und heißt dort Garnacha). Die
Grenache ist ein ziemlich dünnhäutiges Wesen – weshalb sie
dem Wein relativ wenig Farbe gibt
und darum gerne mit farbstar-
ken Rebsorten verschnitten wird.
Im Châteauneuf können es über
20 Rebsorten sein.

**Die Rotweine der
Klimaflüchtlinge**
*Rioja, Châteauneuf-du Pape,
Chianti.*

Gymnasiallehrer und Birkenstocksandalen
Châteauneuf-du-Pape … das war der Duft von Laven-
delfeldern, Gauloise maïs und das Kratzkonzert der Zika-
den. Bei einem Glas Châteauneuf-du-Pape träumten die
Studienräte von einer Partie Boule auf dem Marktplatz von
Saint-Rémy-de-Provence. Scharenweise kauften sich *Dou-
ble-income-no-kids*-Oberstudienratpärchen abgewrackte
Bauernhäuser und tranken Châ-
teauneuf zu Mike Oldfields *Tubu-
lar Bells* – natürlich aus den unver-
meidlichen Duralexgläsern –, besonders in den Winterferien, wenn
der Mistral durch jede Mauerfuge
in die klammen Betten kroch.
    Aber was ist das eigentlich, Châ-
teauneuf-du-Pape, dieser Wein in
den höllisch schweren Flaschen mit Schlüsselmotiv und
Papstkäppi? Ehrlich gesagt, wir wissen es auch nicht so ganz.

Reiseziel
*Um 1970 traten Modeweine
erstmalig als Massenphäno-
men auf: „Lass uns irgendwo
hinfahren, wo Meer ist, die
Sonne scheint und Rotwein
getrunken wird."*

Es ist eine rote Cuvée aus weiß Papst Pius der Sechste wie vielen Rebsorten. Dieser Wein ist quasi der Urahn aller Monsterweine – 14 Prozent Alkohol sind ihm gesetzlich vorgeschrieben. Das war in den Siebzigern richtig starker Tobak und haute auch den trinkstärksten Oberstudiendirektor aus seinen weißen Birkenstocksandalen.

Wahrscheinlich ist jetzt der Eindruck entstanden, wir hätten etwas gegen Châteauneuf-du-Pape. Um Gottes willen! Wer zum ersten Mal die Weinberge unterhalb der Bauruine der päpstlichen Datscha in der Nähe von Avignon sieht, fällt vom Hocker: Der Boden ist übersät mit faustgroßen Flusskieseln und die Weine sind schwere Geschütze, die traditionellerweise nicht im Barrique ausgebaut werden. Also ein wunderbarer Weinstil, der leider auszusterben droht, weil ihm wie allem Altmodischen heutzutage grundsätzlich misstraut wird.

→ Grenache: Das Original wächst im Hot Climate in Südfrankreich/Sardinien/Spanien

→ Bekannt als Châteauneuf-du-Pape – Qualität kostet mindestens 12 Euro

SPÄTBURGUNDER
Widerstandskämpfer gegen das Cabernet-Establishment.
Pinot noir, der Vercingetorix Frankreichs; Pinot nero, der Garibaldi Italiens; Blauer Burgunder, der Andreas Hofer Österreichs.

Also, es ist doch so: Im Grunde genommen ist das gesamte Rotwein-Business eine einzige Show. Die Kritiker und Tester – sie nennen sich Journalisten – führen sich auf wie Dompteure im Zirkus, die Rotweine wie wilde Tiere aufeinander hetzen. Sie nennen das *ranking*. Je größer das Maul der Bestien ist und je mehr Zähne im gleißenden Scheinwerferlicht darin glänzen, desto begeisterter sind die Zuschauer, die nur darauf warten, dass die Ungeheuer sich vor ihren Augen zerfleischen. Je wilder und größer die Monster sind, desto frenetischer jubelt das sensationshungrige Publikum. Die eitlen Rotweinmatadore suchen in aller Welt nach blutrünstigen Kampfmaschinen, die sie dann im Vinodrom zur Volksbelustigung abmurksen. Das ist nicht der richtige Ort für den Pinot noir, für so einen Mumpitz ist er viel zu feinsinnig. In einer Corrida verhielte er sich wie Ferdinand der Stier. Er säße nur still in der Mitte der Arena und würde sich an den Blumen im Haar der Frauen erfreuen.

Ranking

Höher, schneller, weiter! Im Zuge der Internationalisierung von Weinvergleichen steht Weinprobieren kurz vor der Zulassung als olympische Disziplin zu den Sommerspielen 2016 im Napa Valley.

Die Tatsache, dass dem Spätburgunder auf internationalem Parkett keine große Aufmerksamkeit geschenkt wird, erklärt nur zum Teil, weshalb er nicht en vogue ist. Der andere Teil der Ursache ist, dass er es den Winzern nicht leicht macht. Dieser Wein ist einfach zu divenhaft, um jedes Jahr zu voller Größe heranzureifen, schließlich verträgt er heißes Klima längst nicht so gut wie Cabernet und Syrah.

Eines ist jedoch unbestritten: Die besten Spätburgunder kommen aus dem Burgund – leider auch die teuersten. Auf den legendären Muschelkalkböden an der Côte d'Or wachsen die weltweit exzentrischsten Pinots noirs, wie der Spätburgunder im qualitativen Epizentrum seiner Stammheimat heißt. Diese Weine sind berühmt dafür, je nach Standort vollkommen unterschiedlich zu schmecken. Oftmals liegt eine Parzelle di-

Rote Robe

Pseudopoetische Bezeichnung der Rotweinfarbe. Typisches Beispiel der Weinsprache. Gebräuchlich bei gescheiterten Dichtern, die als Weinjournalisten geendet sind: „Mit seiner samtroten Robe macht dieser Tropfen immer wieder Lust auf das nächste Glas."

rekt neben einer anderen und die Weine fallen dennoch
grundverschieden aus. Die Preise auch. Die besten Ge-
wächse sind als Grand-cru- oder Premier-cru-Lagen klassifi-
ziert. Je nachdem kosten sie zwischen 15 und 250 Euro. Pinot noir aus den Ortslagen ohne Klassifikation ist günstiger,
hinkt aber qualitativ hinterher.

Unter den deutschen Spätburgundern gibt es viele
dünne Säuerlinge oder mit süßem Traubenmost aufge-
motzte Klapperkisten (diese Unsitte wird mit dem Begriff
Süßreserve kaschiert). An der Ahr, im Rheingau, in der
Pfalz, in Baden, Württemberg und Franken steigern die
Spitzenerzeuger ihre Qualität von Jahr zu Jahr. Bei manchen Winzern in der Pfalz kann man schon für 6 Euro
richtig guten Spätburgunder kaufen.

→ **Das Original kommt aus dem Burgund, heißt
dort Pinot noir und wird nach den Gemeinden
oder Lagen benannt**

→ **Premier und Grand cru sind im Burgund die
Königsklassen**

→ **Brauchbaren Spätburgunder aus Deutschland
gibt's ab 7 Euro**

→ **Kein Rotwein passt so gut zum Essen**

→ **Spätburgunder kann hell und trotzdem umwer-
fend sein – Farbe allein macht nicht glücklich**

BLAUFRÄNKISCH
Kommt langsam, aber gewaltig.

Auch diese Rebsorte hat eine doppelte Identität – in Deutschland heißt sie Lemberger und ihre Hochburg liegt in Württemberg. Aber nicht mehr lange, denn die Talente dieser Sorte haben sich inzwischen herumgesprochen. Zunehmend taucht er in der Pfalz auf und leistet dem Dornfelder erfolgreich Gegenwehr. Der Blaufränkisch wird zwar nie ein großer Wein, er hat aber ein Händchen dafür, bei Tisch eine gute Begleitung abzugeben, und ist auch sonst ein gutmütiger und zuverlässiger Zeitgenosse. Er lässt einen nicht im Stich.

In Österreich hat sich eine regelrechte Blaufränkisch-Kultur entwickelt. Im Burgenland nahe der ungarischen Grenze kann man für 5 Euro bei den besten Erzeugern Blaufränkisch kaufen. Höherwertige, konzentriertere Exemplare gibt es ab 7,50 Euro und auch die Cuvées mit Blaufränkisch sind klasse.

$\longrightarrow$ **Blaufränkisch alias Lemberger wird weit unter seinem wahren Wert gehandelt**

Cuvée
Die Mischung machts.

Es könnte der Eindruck entstanden sein, nur reinsortige Weine seien gute Weine. Aber nicht alle Weine werden aus einer einzigen Rebsorte gemacht. Die meisten sind Cuvées – Verschnitte –, also eine Mischung verschiedener Grundweine. Gute Cuvées werden gewissenhaft arrangiert. Im Bordeaux zum Beispiel ist die *Assemblage* – die Komposition der Cuvée – der wichtigste Vorgang im Keller überhaupt. Fast immer werden dort Cabernet franc, Cabernet Sauvignon und Merlot verschnitten.

Im Gegensatz zu Frankreich wird die Zusammensetzung der Cuvée in Deutschland und Kalifornien meistens auf dem Etikett deklariert. Die größten Weine der Welt sind Cuvées, Kompositionen, die die einzelnen Stimmen der Grundweine in ein sinfonisches Werk verwandeln. Große Cuvées erzählen sehr viel über die Fähigkeiten des Kellermeisters.

$\longrightarrow$ **Cuvées sind genial – egal, ob weiß oder rot**

Wein einkaufen
Den richtigen Wein finden

— — — — — —

Wein ist nicht kompliziert. Um ihn zu verstehen, müssen Sie keine Tricks lernen. Es gibt nur ein winziges Geheimnis, und das verraten wir Ihnen jetzt: *Trommelwirbel, absolute Ruhe bitte!* Es geht nicht direkt ums Kaufen. Aber Sie sind schon verdammt nah dran. *Ums Habenwollen geht's!* Das ist der Schlüssel zum Mythos des Weins. Den Mythos kann man allerdings nicht kaufen. Nur die Etikettentrinker meinen, er wäre käuflich. Deshalb glauben sie, je mehr sie für eine Flasche hinblättern, desto mehr bekämen sie für ihr Geld. Über Mythos bestimmt weder der Geldbeutel noch die Mehrheitsentscheidung einer Jury und auch nicht das Applausometer. Wenn Ihnen ein Wein gefällt und Sie mit Ihrem privaten Wissen über diesen Wein glücklich sind, dann können die anderen noch so viel rumnörgeln oder Witzchen machen. Es wird nichts daran ändern, dass dieser Wein Sie berührt. Ist das nicht eine schöne Sache, dass Sie beim Kauf einer Flasche Wein auch noch eine Portion Gefühle mitgeliefert bekommen? Und zwar völlig gratis.

– Beim Riechen: *Der duftet wie ein orientalischer Basar.*
– Beim Schmecken: *Auf so einen Wein habe ich jahrelang gewartet.*
– Beim Erinnern: *Wenn ich diesen Rotwein doch nur noch ein einziges Mal trinken könnte.*

Wir könnten uns durchaus zu der These hinreißen lassen, dass Weintrinken und Weinkaufen in einem ursächlichen Zusammenhang stehen: Wer Wein kauft, ohne ihn zu trinken, hat ziemlich schnell ein Problem. Tja, und wer Wein trinkt, ohne ihn zu kaufen, ist entweder ein Genie, ein Schnorrer oder kriminell. Logischerweise müsste man also ungefähr so viel Wein kaufen, wie man trinkt, um den Kahn nicht jedes Wochenende aufs Trockene zu setzen.

Deshalb ist Weinkaufen wichtig. Es die Basis für das Glück. Wenn Sie erst um halb neun abends feststellen, dass keine Flasche mehr im Haus ist, werden Sie an der Tankstelle bestimmt den richtigen Tropfen finden, einen, den Sie nie wieder vergessen. Um solch einem GAU vorzubeugen, gibt es nur eine Lösung: bunkern.

Beim Weinkaufen fällen Sie Entscheidungen, die stets mit Erwartungen verbunden sind. Schmeckt
mir der Wein zu Hause? Schmeckt

Weinsurfer
Medienkonformes Kaufverhal-
ten: Drag-and-drop buying.

er meinen Freunden? Schmeckt er noch im nächsten Jahr? Passt er auch zu scharfem Essen?

Entscheidend ist dabei, dass Sie Ihre Erwartungen später überprüfen können. Deshalb kaufen Sie mehr als eine Fla-sche, mindestens zwei, am besten sechs oder zwölf Stück von einer Sorte. Je öfter Sie Gelegenheit haben, Ihre Kaufent-scheidungen zu überprüfen, desto mehr Spaß wird am Ende dabei herauskommen. Sie werden merken, dass Ihnen der Wein an manchen Tagen, im Sommer oder Winter, zu Spar-gel oder Ente besonders gut gefällt. Dann spüren Sie nicht nur den Wein, sondern auch die Hoffnungen, die sich in diesem Moment erfüllen ... oder nicht.

Probieren Sie Ihren Lieblingswein, wenn Sie in guter Stim-mung sind. Probieren Sie denselben Wein, wenn Sie schlecht drauf sind. Sie werden feststellen, dass der Wein ganz anders schmeckt. Lassen Sie sich dadurch nicht beirren – Wein ist ein Gefühl!

ÜBUNG 13

Herbst/Winter-Kollektion

Im Grunde genommen ist es mit dem Wein wie mit der Kleidung. Hemden, Röcke, Schuhe, Mäntel gibt es auch überall. Oft entscheiden nur winzige Abnäher oder ein Farb-ton darüber, ob uns ein Modell zusagt oder nicht. Doch selbst wenn wir ein Kleidungsstück gefunden haben, das uns spontan gefällt, wollen wir es nicht jeden Tag anziehen.

Mit dem Wein ist es nicht anders. Was Sie brauchen, ist eine kompetente Typ- und Stilberatung. Ein guter Weinhändler kann Ihnen diesbezüglich weiterhelfen, aber Sie können ihn nicht ständig konsultieren. Genauso wenig, wie Sie Ihren Damen- bzw. Herrenausstatter jeden Morgen anrufen können, wenn Sie vor ihrem Kleiderschrank stehen und nicht wissen, was Sie anziehen sollen.

Discounter

Discountweine kaufen wir heute nur noch als Demonstrationsobjekte für Weinkurse. Früher war das anders – da waren wir mit dem Marktleiter praktisch auf Du und Du. Alle Marken rauf und runter: Imiglykos, Bongeronde, Mateus Rosé, Blanchet und natürlich Amselfelder (ohne Stängel und Stiele gekeltert!).

Wer in oder nahe einer Weinregion lebt, hat eigentlich keine Veranlassung, seinen Weinbedarf im Discounter zu decken. Auch wenn Ihnen „Sommeliers" in einschlägigen Magazinen und Supermarkt-Weinführern einreden wollen, dass *aldipennylidl&co* klasse Wein verkaufen, ändert das nichts an der Tatsache, dass die strukturellen Bedingungen des Weinhandels, bei dem es um Zehntelcent-Beträge im Einkauf geht, echte Qualität von vornherein ausschließen.

Designerweine
Zu Beginn des 21. Jahrhunderts wurde die Flaschenausstattung immer wichtiger: „Wie der Rotwein geschmeckt hat, wie er hieß und wo er herkam, weiß ich nicht mehr. Aber die Flasche sah geil aus."

Weinhandlung

Gute Weinhändler kennen sich in der Szene aus und sind mit vielen ihrer Winzer per Du. Bei solchen Leuten ist man gut aufgehoben, jedenfalls besser als bei denen, die sich ihr Programm von Großhändlern in die Regale stapeln lassen. Gute Weinhändler wissen, was es mit ihren Weinen auf sich hat. Sie können auf folgende Fragen ehrlich und kompetent antworten:

- Stammt der Wein von einem Großbetrieb oder von einem kleinen Winzer?
- Auf welchem Boden, in welchem Klima ist der Wein gewachsen?
- Ist es ein klassischer oder ein moderner Wein der Region?

Sie wollen Wein kaufen? Gehen Sie zu Ihrem Weinhändler. Fragen Sie ihn nicht nur danach, wie der Wein schmeckt, sondern auch, wer ihn gemacht hat, wie groß das Weingut ist und wie der Winzer arbeitet.

ÜBUNG 14

Wenn Ihr Weinhändler keine Ahnung hat, sollte er in Zukunft nicht mehr Ihr Weinhändler sein.

Wine Zapping

Die meisten Weinhandlungen bieten Weine von Australien bis Zypern an. Oft gibt es dort eine Exotenecke, in der die Weine aus Simbabwe, Uruguay, Deutschland, China und dem Libanon zusammengepfercht sind. Auch wenn heute alles zu haben ist, halten wir es für besonders wichtig, den Versuchungen dieses Allround-Angebots zu widerstehen, denn es ist nichts anderes als willkürliche Diversifikation. Das Weinkaufverhalten vieler Leute erinnert uns fatal an den immer weiter ausufernden TV-Konsum. Sie zappen und zappen und kriegen doch nichts mit – Fernsehen ist zu einem einzigen Ausweichmanöver degeneriert. Das Programm wird an der Oberfläche auseinander gefleddert, die Leute kriegen von allem nur ein bisschen mit, aber die Botschaft eines Films erreicht sie nicht.

Übertragen auf den Weinkauf heißt das: Wer wahllos zappt und nirgendwo seine Zelte aufschlägt, also keiner Re-

Continental hopping
Phänomen zunehmender Orientierungslosigkeit beim Weinkonsum. Führt zur Verbreitung der Weltmarktstrukturweine: „Gegen die Australier haben die Südafrikaner nicht den Hauch einer Chance."

gion Gelegenheit gibt, ihren Zauber langsam zu entfalten, für den wird Wein zwar ein bunter Programm-Mix sein, aber klüger wird er dabei nicht.

Wirklich gute Weinhandlungen bieten Ihnen einen repräsentativen Querschnitt einer Region. Wir bevorzugen Weinhandlungen, die ihren Schwerpunkt einem bestimmten Land widmen. Dort findet man in der Regel die interessantesten Weine und wird kompetent beraten.

Sedimentation

Konzentration auf das Wesentliche ist also angesagt. Deshalb Finger weg vom interkontinentalen *wine zapping* und immer schön der Reihe nach. Schichten Sie Ihre Erfahrungen aufeinander, indem Sie sich eine Zeit lang beispielsweise mit den Weinen des Burgunds, des Wallis oder der Wachau beschäftigen, um die Botschaft dieser Regionen und ihrer Weine zu entschlüsseln. Das ist nicht nur clever, das ist *effektiv*. Wenn Sie sich halbwegs sattelfest auf einem Gebiet fühlen, wird Ihnen Ihre innere Stimme schon sagen, wann es Zeit ist, sich der nächsten Region zuzuwenden. Ob das dann die Weine der Toskana oder die aus dem Rhônetal sind, spielt keine Rolle. Favorisieren Sie Händler, die Ihnen bei dieser Vorgehensweise entgegenkommen, die Ihnen die Weinregionen so aufbereiten, dass Sie sich darin zurechtfinden.

Wege zum Ruhm

Das Schlüsselerlebnis wird für Sie ein Besuch beim Winzer sein. Nicht der erste und auch nicht der zweite, doch die Folge von Erlebnissen und Gesprächen und dem, was Sie dort sehen, hören, riechen, schmecken und fühlen können, wird Ihnen irgendwann die Augen öffnen und den ultimativen Kick verpassen. Am Anfang kostet es natürlich Überwindung zu klingeln und einzutreten. Aber Sie werden merken, dass nicht nur der Winzer zu Ihnen spricht, sondern auch seine Weine.

Annullieren Sie also Ihren nächsten Kurztrip nach Mallorca und fahren Sie in das von Ihnen aus nächstgelegene Weinbaugebiet. Damit Sie bei der Auswahl der Weingüter keinen Schiffbruch erleiden, suchen Sie sich einen der im Serviceteil genannten Betriebe aus. Vor der Abreise melden Sie sich beim Winzer und vereinbaren einen Termin. Lassen Sie sich eine Weinliste faxen, damit Sie wissen, welche Weine im Verkauf sind.

Winzerpfännchen

Diminutiv einer kulinarischen Kapitulationserklärung.

Aus eigener Erfahrung wissen wir, dass Ihnen, noch bevor Sie auf den harten Holzbänken sitzen, die folgende Frage gestellt wird: „Was trinken Sie denn gerne?" Wir sagen dann: „Bringen Sie uns, was Sie am interessantesten finden." Der Winzer wird nicht lockerlassen: „Trocken oder süß?" Wir bleiben hart: „Stellen Sie die Probe so zusammen, wie Sie es für richtig halten."

Das erste Mal

Wenn Sie das erste Mal beim Winzer sind, haben Sie schon genug damit zu tun, sich auf die verschiedenen Weine und die mit ihnen verbundenen Geschmackseindrücke zu konzentrieren. Außerdem müssen Sie die erwartungsvollen Blicke des Winzers ertragen, der Sie manchmal mustert wie ein Laborant das Lackmuspapier beim Säuretest. *Oh Gott, jetzt will der bestimmt gleich wissen, wie ich den Wein finde...* Feine Schweißperlen bilden sich auf Ihrer Stirn. Ihr Adrenalinpegel explodiert. Der Frosch in Ihrem Hals wird immer dicker, und dann kommt sie wirklich, die unausweichliche Frage: *„Na, wie schmeckt er?"*

Atemstillstand. So eine höllische Angst hatten Sie letztmals beim mündlichen Abitur. Falsch wäre jetzt zu sagen: *„Ich geh kurz eine rauchen."* Richtig hingegen: *„Wie finden Sie ihn denn?"* Spielen Sie den Ball zurück. Fragen Sie nach, wenn Sie etwas nicht verstehen.

Keine Angst vor Wein! heißt vor allem, ein Gespräch mit dem Winzer zu führen. Stellen Sie Fragen, quetschen Sie ihn aus. Dafür ist jetzt die beste Gelegenheit, denn für Winzer gibt es nichts Schöneres, als über ihren Wein zu reden. Wenn Ihnen etwas gefällt oder auch nicht – lassen Sie es den Winzer wissen, machen Sie keinen Hehl aus Ihrer Meinung. Haken Sie nach, nur so werden Sie klüger. Gute Gespräche sind die besten Lehrer.

Weinsammler

Winzergroupies – zu allem bereit: „Mir fehlt nur noch der 1921er..."

Wenn wir beim Winzer probieren, machen wir immer ein paar Bemerkungen auf der Preisliste: Kreuzchen für Weine, die wir probiert, Ausrufungszeichen oder kurze Anmerkungen für Weine, die uns spontan gefallen (saftig) oder nicht gefallen (schlapp) haben. Wenn Sie sich partout nicht entscheiden können oder wollen, dann kaufen Sie nur ein paar Flaschen und probieren zur Gewissheit zu Hause noch einmal unter verschärften Bedingungen – und bestellen dann.

Beim Winzer können Sie eine ganze Weinkollektion nacheinander oder sogar gleichzeitig probieren – vom einfachsten Wein bis zum Spitzenprodukt. Wenn Sie das ein paarmal gemacht haben, merken Sie, dass es Winzer gibt mit einer individuellen Handschrift, die sich eine unverkennbare Stilistik erarbeitet haben.

Kurze Theorie der Seelenwanderung

Warum überhaupt lagern? Wein gibt es doch an jeder Ecke – und wenn man eine Flasche braucht, dann kauft man sich eben eine.

Wer so handelt, wird vom kurzatmigen Gehechel nie wegkommen. Wer mit Wein wirklich souverän umgehen will, kommt ums Bunkern nicht herum. Nur wenn Sie aus dem eigenen Fundus schöpfen, werden Sie bei den ganz verschiedenen Bedürfnissen, die Wein befriedigen kann, auch adäquate Antworten geben können. Nur so werden Sie zu einer Weinpersönlichkeit. Die Seele Ihrer eingelagerten Weine geht auf Sie über. Solange Sie sich jedoch aus einem Lager bedienen, das sich nicht in Ihrem persönlichen Umfeld, sondern im Supermarkt oder beim Händler befindet, wandert die Aura sonst wohin – aber bestimmt nicht zu Ihnen.

→ **Wer glücklich werden will, braucht einen eigenen Weinvorrat – 100 Flaschen sind ganz gut**

→ **Zappen Sie nicht von Kontinent zu Kontinent**

→ **Decken Sie Ihren Bedarf auch durch Direkteinkäufe beim Winzer, dort kommen Sie dem Mythos Wein am nächsten**

*Wein daheim: Lagerung,
Gläser und Temperatur*
Was Wein liebt und was er gar nicht mag

— — — — — —

Wein reagiert auf seine Umwelt, es ist ihm nicht gleichgültig, unter welchen Umständen er transportiert, gelagert und getrunken wird. Manches hat er gar nicht gerne, anderes wiederum liebt er. Doch nicht jedes Exemplar ist die ganze Mühe und Aufmerksamkeit wert, weil die Hälfte aller Weine schon als Leichen in die Flasche kommen. Es ist ein weit verbreiteter Irrtum, dass jeder Wein durchs Altern besser wird. Vor allem Weißweine sind dazu gemacht, in den ersten Monaten ihres Lebens getrunken zu werden, weil sie jung und frisch am meisten Esprit versprühen. Solche Weißweine zu lagern ist nutzlos. Mir nichts, dir nichts oxidieren sie.

Genau anders herum verhält es sich mit lagerfähigen Weinen. Vor allem Rotweine können in der Jugend sperrig und uncharmant sein, durch die Flaschenlagerung aber gewinnen sie an Format und schmecken erheblich besser als im Jugendstadium.

ÜBUNG 15 *Kaufen Sie sich 6 Flaschen richtig guten Rotwein. Eine Flasche öffnen Sie gleich, die nächste nach 2 Jahren, die übernächste nach 4 Jahren und so weiter.*

Der Wein der ersten Flasche wird vor allem rot sein, gerbstoffhaltig, fruchtig und kompakt. Die anderen fünf werden ihr leuchtendes Rot nach und nach verlieren, weniger gerbstofflastig, weniger fruchtig und weniger kompakt sein. Dafür werden sie weicher und differenzierter nach einzelnen Aromafacetten, insgesamt feingliedriger schmecken. Nach der letzten Flasche werden Sie sich schwarz ärgern, dass Sie die anderen zu früh ausgetrunken haben.

Aufzucht und Pflege

Falls Sie sich entschlossen haben, ein paar dieser possierlichen kleinen Geschöpfe ins Haus zu holen, sollten Sie bei aller Genügsamkeit Ihrer neuen Lieblinge die folgen-

den Grundregeln beachten. Denn es gibt ein paar Dinge, die unsere kleinen Freunde auf den Tod nicht ausstehen können:
- Stehende Lagerung
- Lagerung in direktem Sonnenlicht
- Ständige Temperaturwechsel zwischen warm und kalt
- Dauerhafte Lagertemperaturen über 20 Grad
- Trockene Luft durch Heizung oder Heizkörper in unmittelbarer Nähe
- Starke Gerüche während der Lagerung wie zum Beispiel Lackfarben, Waschmittel, Motorgerüche und Abgase

Es gibt aber auch Dinge, die unsere putzigen Haus- und Kellerbewohner lieben. Sie fressen Ihnen aus der Hand, wenn Sie folgende Aufzuchtregeln beachten:
- Dunkelheit bei der Lagerung
- Gleichmäßige Kühle und Luftfeuchtigkeit
- Liegende Lagerung, damit der Korken nicht austrocknet und porös wird

Im Grunde genommen ist die Weinhaltung denkbar einfach – es gibt wenige Hausgenossen, die so stubenrein, handzahm, leise und gleichzeitig so gesellig sind. Und wenn Sie mal verreisen, müssen Sie sie nicht einmal in Pflege geben.

Wer keinen Keller hat, muss sich anders behelfen. Für Weine, die man innerhalb von zwei Jahren wegtrinkt, ist die Lagerung in der Wohnung unproblematisch. Nur Weine, die sehr lange Ruhe brauchen, sollten ausgelagert werden. Dabei ist es ratsam, die Bestände regelmäßig zu kontrollieren, damit sich die Pflegeeltern nicht an Ihren Schützlingen vergreifen.

So anpassungsfähig unsere lieben Kleinen auch sind – ein wenig Rücksichtnahme und Zuwendung brauchen sie dennoch. So wie Ihre Boa constrictor Ihren Pudel ab und zu in die Mangel nimmt oder einen Ihrer Hamster vergenusswurzelt, so haben auch unsere Lieblinge ihre kleinen Marotten:

– Sind so kleine Kristalle in der Flasche? Ganz normal, Ihre Freunde haben Weinstein. Wenn Sie 50 Kilo zusammenhaben, kriegen Sie vom Apotheker sogar Geld dafür!

– Schimmel oben auf dem Korken? Macht nichts, Ihr Wein hat davon nichts abbekommen.

– Weißweine sind im Laufe der Lagerung etwas gelblich und Rotweine ein wenig bräunlich geworden? Null Problemo, ein ganz normaler Reifeprozess.

Sie sehen, Ihr Wein hält einiges aus. Aber allzu schlimm sollte man es beim Transport nicht mit ihm treiben. Er mag keine Hitze, keine Schocks, keinen Frost – genau wie Ihre Würgeschlange.

Korken

Trinken Sie niemals – unter welchen Umständen auch immer – korkigen Wein! Das Schlimmste, was Sie tun können, wäre sich einzureden, der Wein hätte keinen Kork. Bereits die Ahnung eines Verdachts muss ausreichen, jede Flasche, aber auch wirklich jede, in den Ausguss zu befördern. Wer das nicht will, sollte sich über Drehverschlüsse und Silikonstopfen freuen – bei denen gibt es keine Zweifel.

Naturkork ist nicht geschmacksneutral. Deshalb finden wir alternative Verschlusssysteme wie Schraubverschlüsse (in der Schweiz beliebt), Edelstahl-Kronenkorken und Silikonstopfen gut. Die ploppen zwar nicht so schön, wenn man sie entfernt, aber man hat den lästigen Korkteufel ein für alle Mal vom Hals.

Korken

Lebendiges Fossil. Stilblüte der Weinevolution. Konnte trotz Technik-Optimismus überleben. Laut einer Studie der University of Michigan steigt der Weltverbrauch an Silikonimplantaten stärker als der von Silikonstopfen.

ÜBUNG 16 *Nehmen Sie einen Korken, brechen Sie ihn auseinander. Riechen Sie an der Bruchstelle. Was Sie jetzt riechen, das ist*

Korkgeruch. Korkiger Wein schmeckt, wie ein Korken riecht, aber viel, viel stärker: muffig, erdig, holzig und unangenehm dumpf – wie ein stinkender Mülleimer. Der Korkteufel macht vor keiner Flasche Halt. Es trifft billige wie teure Flaschen, Weißwein wie Rotwein.

Gläser und andere Werkzeuge

Früher hat man Wein direkt aus dem Ziegenschlauch getrunken, dann aus Hörnern zu sich genommen, später aus Zinnbechern, irgendwann kamen bleischwere Kristallhumpen in Mode, die man nur mit beiden Armen stemmen konnte. Heute gibt es hauchdünne Gläser ohne jeden Schnörkel. Diese vinologische Evolution war ohne Frage erfolgreich, denn heute ist das vollkommene Trinkgefäß endlich gefunden. Würde man die Glasfrage auf ein Prinzip einkochen, dann hieße es: Das ideale Glas ist so dünn, dass es eigentlich gar nicht da ist.

Römer
Prähistorisches Trinkgefäß. Erkennungszeichen weinseliger Bustouristen.

Gehen Sie mit einer Heckenschere ins Badezimmer und schneiden Sie sich damit die Fingernägel. Zum Vergleich schneiden Sie sich jetzt die Fingernägel mit einer Nagelschere.

ÜBUNG 17

Wenn Sie das Versuchsergebnis betrachten, sehen Sie den Unterschied zwischen einem guten und einem schlechten Werkzeug recht anschaulich.

Die meisten Zeitgenossen sparen ausgerechnet an der wichtigsten Stelle: am Glas. Wir haben schon oft genug erlebt, dass die schillerndsten Weine aus zahnputzbecherartigen Behältnissen getrunken werden. Besser kann man sein Geld nicht zum Fenster hinauswerfen. Selbst ein grandioser Wein schmeckt dann, als wäre er in einem Autowrack einge-klemmt. Die feinen Düfte kann man aus solchen Panzer-gläsern kaum wahrnehmen.

ÜBUNG 18   *Bevor wir Sie zu Übung 18 auffordern, kaufen Sie sich die feinsten und besten Gläser, die Sie kriegen können.*

Das Universalglas wird von den Herstellern in der Regel Chianti- oder Chardonnay-Glas genannt. Es ist etwa 20 cm hoch und hat einen sich nach oben hin leicht verjüngenden Kelch. Je dünner das Glas, desto besser schmeckt der Wein. Das ist die sinnvollste Investition, die Sie beim Wein über-haupt machen können. Selbst mittelprächtige Weine profi-tieren von großen, dünnwandigen Gläsern.

Gläser, die nicht voll gefüllt, sondern nur zweifingerhoch eingeschenkt werden, lassen sich nicht nur leichter schwen-ken, der Wein riecht und schmeckt aus ihnen auch ungleich besser.

Gebruiksaanwijzing – Mode d'emploi – Directions for use
Ein Glas hat drei Funktionsbereiche:
– Oben ist der Kelch – da kommt der Wein rein
– Unten ist der Fuß – da steht es drauf
– Zwischen Kelch und Fuß, genau in der Mitte und prak-tisch nicht zu übersehen, befindet sich der Stiel – der ist zum Anfassen
Halbwegs zivilisierte Leute beachten drei Benimmregeln:
– Bind dir die Schuhe zu
– Kleb das Kaugummi nicht unter den Tisch
– Fass das Weinglas gefälligst am Stiel an

Nehmen Sie sich eines Ihrer neuen Gläser und eines von Ihren alten Panzergläsern. Schenken Sie sich in beide Gläser ein. Schwenken Sie den Wein. Riechen Sie daran und trinken Sie zum Vergleich.

ÜBUNG 19

Sie werden feststellen, dass der Wein aus dem neuen Glas erstens anders und zweitens viel besser riecht und schmeckt – nuancierter, facettenreicher und eleganter.

Bringen Sie Ihre alten Gläser jetzt zum Altglascontainer. Schenken Sie sie nicht Ihren Freunden, es könnte sonst passieren, dass Sie ihnen dort wieder begegnen.

Beim Schwenken entfaltet der Wein sein Aroma. Man riecht ihn intensiver und er schmeckt besser. Ein Wein, der vielleicht 5 oder 10 Jahre in der Flasche eingesperrt war, hat die Bewegung auch dringend nötig, um seine Aromatik voll und ganz zur Geltung zu bringen.

Dekantieren

Es gibt kein anderes Thema, bei dem derart viel Unfug verzapft wird. Weinkenner faseln unablässig von irgendwelchen Depots am Flaschenboden, die es zurückzuhalten gilt, und von obskuren Kerzenstummeln, über die man die Flasche beim Umfüllen halten soll.

Das Dekantieren, von dem wir hier reden, hat nur eine Aufgabe: den Wein zu belüften. Deshalb füllt man ihn in eine Glaskaraffe. Der Wein atmet dabei und entfaltet sich. Vor allem gereifte Rotweine sollte man dekantieren. Aber auch junge Weine und Weißweine können davon profitieren.

Kerzenstummelritual

Pseudoromantisches Vorspiel unter Etikettentrinkern: „Hast du das vorhin auch gesehen? Patrick hat die zweite Flasche Cab einfach so ausgeschenkt, ohne ihn zu dekantieren. Wie peinlich!"

Temperatur

Der Wein, das unbekannte Wesen, gibt uns viele Rätsel auf. Zum Beispiel die Frage nach der richtigen Trinktemperatur. Sie scheint schwerwiegend zu sein. Das Problem beginnt im Keller, denn was das Flächenbombardement der Alliierten nicht geschafft hat, raffte spätestens die epidemische Ausbreitung der Zentralheizungskessel dahin. Das subterrane *global warming* wurde von den Contentmanagern der Weinaccessoires-Industrie klar erkannt und seitdem arbeiten sie fieberhaft an Lösungen für optimal temperierte Weißweine. Nur, was ist das überhaupt, ein annehmbar temperierter Wein? Die Meteorologie zum Beispiel unterscheidet klug zwischen tatsächlicher und gefühlter Temperatur. Kälte ist eben relativ – genau wie die Weintemperatur. Bei Hitze hat's der Wein gern ein paar Grad kälter. Zu kalt ist aber auch ein Problem, denn Kälte ist ein Geschmackskiller und unterdrückt die Aromen. Das ist gut bei Billigfusel, aber schlecht für Weine mit Qualität.

Kalt machen – am einfachsten geht das im Kühlschrank oder, wenn es schnell gehen soll, im Gefrierfach. Vorgekühlte Flaschen sind in gewässerten Tonkühlern bestens aufgehoben. Durch Verdunstung entsteht ein Kühlungseffekt und der Wein bleibt kalt. Die doppelwandigen Plexiglaskühler sind zwar unkaputtbar, aber spießig (sie erinnern irgendwie an Tischmülleimer).

Stilvoll ist ein silberner Kübel voll Eiswürfel und Wasser. Darin steckt die fröstelnde Flasche, dezent bedeckt mit einer weißen Serviette. Problem: Der Wein, einmal abgekühlt, ist immer zu kalt. Außerdem lassen Flaschen schnell die Etiketten fallen. Vorteil: Wenn die Crêpes Suzette beim Flambieren unkontrolliert abfackeln, ist der rettende Eimer zur wirksamen Erstversorgung von Verbrennungen immer in der Nähe.

Das Weinkühlerbusiness muss ein Riesengeschäft sein, denn die Entwickler forschen weiter. Vor rund zehn Jahren tauchten die Kühlmanschetten auf, Marke Rapid Ice. Diese im Gefrierfach bereitgehaltenen High-Tech-Kühlmittel werden wie Präservative über das Objekt der Begierde gestülpt. Und nach 8 Minuten darf der Korken fliegen. Problem hier: Der Flaschenhals guckt raus und das erste Glas bleibt warm. Produktvorteil: Anwendungsmöglichkeiten auch im medizinischen Bereich bei Prellungen, Schwellungen und Wespenstichen im Armbereich.

Weißwein trinkt man kalt und Rotwein warm. Das heißt aber nicht – wie die meisten glauben –, man müsste den Roten zwei Stunden auf die Heizung legen und den Weißen über Nacht ins Drei-Sterne-Gefrierfach packen. Weißwein trinken wir eher kühl als kalt und nur an heißen Sommertagen legen wir ihn auf Eis, damit er sich im Glas nicht schneller erwärmt, als uns lieb ist. Bei normalem Klima aber reicht es völlig, wenn er leicht gekühlt ist.

Den Kältekult erklären wir uns so: Die Leute stellen ihre Lebensmittel in den Kühlschrank, weil sie glauben, sie gehören dorthinein, so wie Kleider in den Kleiderschrank und Zahnbürsten in den Spiegelschrank gehören. Wein ist aber kein Lebensmittel, sondern ein Gefühl – und was unterkühlte Gefühle bedeuten, brauchen wir Ihnen nicht zu erklären.

Kommen wir also zum Rotwein. *Es gibt Rotwein? Au ja! Fenster zu und Heizung an!* Wenn Sie einen zu warmen Rotwein trinken, hat das den Effekt, dass der Alkohol wie dicke Nebel über dem Glas hängt und Sie schon vom Riechen besoffen werden, denn bei über 20 Grad

Eiskübel
Moderne Hinrichtungsstätte für Weißweine.

Temperatur verdampft der Alkohol bereits. Der Wein fällt auseinander, bevor er seine Aromatik auf der Zunge entfaltet. Ein laues Gefühl macht sich breit. Und was laue Gefühle sind, müssen wir Ihnen bestimmt auch nicht erklären.

Doktorspiele

Noch nie haben wir die Temperatur von Weinen gemessen und wir kennen auch niemanden, der das tut. Es gibt zwar unendlich viele Regeln und Tabellen, die darüber Auskunft geben, welchen Wein man bei welcher Temperatur trinken soll, und jede Menge Schickimickithermometer, die man in die Flaschen steckt, gibt es auch, aber diesen Firlefanz brauchen Sie nicht. Es reicht völlig aus, Ihrem Gefühl und Ihrem Geschmack zu vertrauen.

Bei Weißwein machen wir es so: Er kommt eine Zeit lang in den Kühlschrank. Im Sommer länger, im Winter etwas kürzer. Der Rotwein kommt im Sommer für eine halbe Stunde in den Kühlschrank, falls ihm die Hitze zu Kopf steigt, und im Winter ganz selten an ein warmes Plätzchen, wenn er tatsächlich einmal zu kalt sein sollte.

Devotionalien unter Quarantäne

Jeder Weintrinker kauft im Laufe seines Weinlebens Weine, in die er sich unsterblich verliebt hat und die er um jeden Preis sein Eigen nennen will. Solche Exemplare werden wie Reliquien in Augenhöhe gelagert, über Monate und Jahre hinweg liebkost und aufmerksam gehegt. Eines Tages naht dann der große Augenblick und eine dieser Devotionalien wird nach langen Abwägungsprozessen vorsichtig ans Tageslicht befördert, temperiert und fast zärtlich entkorkt, um einer mit Weinwissen beschlagenen Gästeschar kredenzt zu werden. Nach dem Probeschluck kehrt vollkommene Ruhe – um nicht zu sagen betretenes Schweigen – ein. Erst das messerscharfe Verdikt eines Gastes zerschneidet die quälende Stille: *Hat so 'ne komische Grauphase. Irgendwie merkwürdig. Ich finde, die Franzosen sollten lieber Rotwein machen…*

Weinevolution
Glaube an die zwangsläufige Verbesserung des Weins. Führte vom Ziegenschlauch über die Glasflasche zur Bag-in-box.

Derartig stigmatisierte Weine verlieren schlagartig jegliche Bedeutung. Die ersten Tage nach der Katastrophe bleiben die restlichen Flaschen im Keller noch auf Augenhöhe. Aber dann geht es abwärts mit ihnen.

Bei uns landen sie rechts neben dem Eingang in einer speziellen Quarantänestation, der *Miese-Krücken-Ecke*, aus der wir sie nie wieder herausholen. Höchstens als Geschenk für unliebsame Freunde: *Ich hab da was ganz Interessantes aufgerissen. Musst du unbedingt probieren. Am besten mit deinem Chef.*

→ **Mieser Wein gehört in den Ausguss, nicht ins Glas**

→ **Gute Weingläser sind eine wertvolle Investition**

→ **Flaschenthermometer? Schlechter Witz!**

Der Wein und das Essen
**Beim Essen zeigt der Wein,
was in ihm steckt**

– – – – – –

Mittags ein Glas Wein zu einem kurzen, aber pointierten Mahl, das ist nicht nur anregend, das ist erfrischend. Alles schmeckt besser. Der Wein schärft die Sinne, die Sonne strahlt vom Himmel und die Frauen/Männer werden immer schöner …

Wer nicht weiß, was man mit dem Wein alles Schönes anstellen kann, wird beim Einkaufen regelmäßig ins Straucheln geraten. Viel wichtiger, als jede Rebsorte beim Vornamen zu kennen, ist das Wissen um den Nutzen, den Mehrwert des Weines. Deshalb sind intelligente Kaufentscheidungen wichtig. Wein ist keine Krampfnummer mit Krawatte um – und dann alle unisono: *Das ist aber ein feines Tröpfchen!* Nein, nein, so ist es nicht.

Trocken
Fremdwort. Wird irrtümlich mit gut übersetzt.

So verschieden die Menschen sind, so unterschiedlich sind ihre Ansprüche an den Wein. Manche lieben es hart und heftig, andere sanft und zärtlich. Manche wollen es schön dreckig. Andere wiederum elegant und diplomatisch. Und es gibt welche, die stehen auf süß und cremig.

Was brauchen Sie? Nur einen einzigen Weinstil oder von allem ein bisschen? Wir gehen davon aus, dass viele Herzen in Ihrer Brust schlagen und legen Ihnen deshalb nahe, beim Weinkauf eine möglichst große Bandbreite abzudecken.

Beispiel:
– Hart und heftig: Rhône und Barolo
– Sanft und zärtlich: Muskateller und Auxerrois
– Komplex und dreckig: Amarone und Pouilly-Fumé
– Elegant und diplomatisch: Pinot noir und Silvaner
– Süß und cremig: Moscato d´Asti und Sauternes

Essen und Wein – die vierte Dimension
Die bedeutendste Funktion des Weines ist die als Essensbegleiter. Da kann jede Flasche richtig zeigen, was in ihr

steckt. Wir gehen gern in die Vollen und probieren parallel, wie sich die verschiedenen Kandidaten schlagen. Je mehr Leute dabei am Tisch sitzen, desto spannender ist die Sache. Wer gerne kocht und isst, für den ist Wein ein Gottesgeschenk – die vierte Dimension. Im Prinzip passt jeder gute Wein zu jedem guten Essen. Erlaubt ist, was gefällt.

Früher haben wir geglaubt, ein guter Wein müsse uns immer schmecken, egal, ob wir ihn solo picheln oder als Essensbegleiter genießen. Wir haben alles ausprobiert und dabei einige schmerzhafte Bauchlandungen hingelegt. Vom schweren, gerbstoffhaltigen Rotwein hatten wir ohne Essen schon nach einem Schluck genug; der leichte, fruchtbetonte Weißwein hingegen, der uns solo so gut geschmeckt hatte, machte zum Essen eine miserable Figur. Es hat gedauert, bis wir der Sache wirklich auf den Grund kamen: Auch der beste Wein der Welt muss einem nicht immer schmecken – es kommt vielmehr auf die Umstände an, unter denen man ihn trinkt. Ganz besonders beim Essen entscheiden Sie darüber, ob ein Wein gnadenlos abschmiert oder zu sensationellen Höhenflügen ansetzt.

Damit Sie möglichst oft ins Schwarze treffen, hier unsere wichtigsten Erkenntnisse:
- Probieren Sie mehrere Weine gleichzeitig zum Essen aus
- Weißweine sind vielseitiger einsetzbar, Rotweine wegen ihrer Gerbstoffe kapriziöser; im Zweifel also lieber Weißwein als Rotwein wählen
- Trockene Weine sind kein Allheilmittel beim Essen; auch restsüße Weine können passen, weil in jedem Essen Zucker ist
- Weine mit mehr als 14 Prozent Alkohol machen satt und müde
- Sorgen Sie daheim für einen Weinvorrat, damit Sie autonome Entscheidungen treffen können
- Wer kochen kann, kommt dem Thema schneller auf die Spur; also kaufen Sie sich ein Kochbuch und lernen Sie's!

136   **10** *DER WEIN UND DAS ESSEN*

Von allen oben genannten Punkten ist der letzte am wichtigsten, denn mit Wein und Essen ist es wie mit dem Fahrradfahren: Sie können noch so lange Theorie büffeln – erst wenn Sie sich mutig auf den Sattel schwingen und selbst in die Pedale treten, lernen Sie es. Vertrauen Sie also auf die Praxis. Probieren Sie aus, was Ihnen in den Sinn kommt, nur so entwickeln Sie ein Gefühl für die Balance, denn um die geht es bei Essen und Wein. Dabei ist nichts hilfreicher, als verschiedene Weine gleichzeitig zum Essen zu trinken. Wir sind selbst immer wieder überrascht, wenn ausgerechnet derjenige Wein am besten passt, von dem wir es am wenigsten erwartet haben.

Seit vielen Jahren beschäftigen wir uns mit diesem Thema und sind dabei umwerfenden Kombinationen begegnet, die so gut sind, dass sie sich uns für immer eingeprägt haben. Aber diese seltenen Volltreffer sind schwer wiederholbar, weil sie auch von der Situation abhängig sind: von den Menschen am Tisch, ihrer Bereitschaft zu genießen, der Menü- und Weinfolge und natürlich auch von der eigenen Laune. Ist die im Keller, kann beim Essen auch der beste Wein nichts ausrichten.

Synergieeffekte
„Ihr beiden wisst doch Bescheid, ich habe 'ne Lammkeule gekauft, die will ich mit Knoblauch und Rosmarin grillen. Was kann ich denn dazu trinken?"
Solche Fragen werden uns regelmäßig gestellt. Sie verlangen nur scheinbar nach schnellen Antworten, denn hinter ihnen verstecken sich hohe Erwartungen, die die Hoffnung auf kulinarische Erleuchtung ausdrücken. Die wenigsten wissen jedoch, dass das Thema Essen und Wein von seinem Mythos lebt – von den seltenen Augenblicken beinahe vollkommenen Glücks, wenn das Essen und der Wein wie zwei Sterne aufeinander treffen. Leider ist die Trefferquote gering. Wer nach guten Kombinationen sucht, sollte den

Charakter einer Speise – woher sie stammt, das Temperament, mit der sie abgeschmeckt wurde – und ihre kulinarische Botschaft berücksichtigen. Da sich diese aber nicht schematisieren lässt, kann man nicht einfach antworten: *„… zur Lammkeule trinkt man diesen oder jenen Wein."*

Und warum würden solche Empfehlungen nicht weiterhelfen? Weil sie vom Schubladendenken dominiert werden. Deshalb wird Ihnen zur Lammkeule – ganz gleich wie und mit welchen Gewürzen sie zubereitet wurde – gerne pauschal Rotwein empfohlen. Bestimmt wird es ein französischer oder italienischer Roter sein, schließlich bedeutet Lammkeule so viel wie Sonne und Mittelmeer. Also vielleicht ein Châteauneuf-du-Pape, weil der aus Südfrankreich kommt. Lammkeulenschublade auf, Châteauneuf-du-Pape rein, Schublade zu.

Weinklimaschrank

Strom fressende Dioramen für Weintrophäen. Zu Beginn des 21. Jahrhunderts nahm die Zahl von Blackouts exponentiell zu.

Châteauneuf und gegrilltes Lamm mit Knoblauch und Rosmarin – gar kein schlechter Tipp. Doch auch ein Chianti oder ein Côtes du Rhône könnte passen. Es gibt bei Essen und Wein keine endgültigen Lösungen, kein Richtig oder Falsch, es gibt nur Annäherungen.

Immer wieder werden Paarungen schematisch begründet („weißer Wein zu weißem Fleisch und roter Wein zu rotem Fleisch"), aber die Sache hat den Haken, dass es dasselbe Gericht nie zweimal gibt, denn es wird immer etwas anders gekocht und abgeschmeckt sein. Auch der Wein verändert sich, er reift oder altert, stammt aus guten oder schwachen Jahren. Das hat sich leider noch nicht richtig herumgesprochen.

Kein Wunder also, dass die meisten Weinautoren, Köche, Kritiker und Sommeliers behaupten, zu jedem Wein gäbe es einen kulinarischen Königsweg. Das führt zu eingeengtem Kastendenken, zu standardisierten Lösungen und zu dem oben beschriebenen Schubladensystem. Auf der Strecke bleiben die Gefühle, der Spaß und die Spontaneität, die mit dem Essen und Trinken ganz eng verbunden sind.

Wege aus dem Chaos

Um sich im Dschungel der Möglichkeiten besser zurechtzufinden, hier ein paar nützliche Tipps zum Thema. Wichtig sind:
- die kulinarische Botschaft einer Speise
- die Zubereitungsart (gegrillt, gebraten, geschmort, gekocht, gedämpft, gebacken)
- die verwendeten Gewürze (scharf, süß, harzig, ätherisch) und die Soßen als häufig intensivste Komponente auf dem Teller
- die Balance der wichtigsten Komponenten: Süße/Säure/Bitterkeit/Salzigkeit (Mineralität/Schärfe)

Wenn Sie eine Entscheidung treffen, machen Sie nicht den Fehler der meisten Ratgeber und gehen nur vom Hauptprodukt aus, zum Beispiel von Lammkeule oder Seezunge. Schließlich isst man Lammkeule oder Seezunge nicht roh und meistens auch nicht ohne Beilage. Entscheidend sind Zubereitung, Soße und Gewürze – die Seele einer jeden Speise.

Unter kulinarischer Botschaft verstehen wir die Tatsache, dass die besten Gerichte der Welt nicht dem Hirn eines überkreativen Kochs entsprungen sind, sondern oft das Ergebnis einer Jahrhunderte dauernden kulinarischen Evolution in bestimmten Regionen sind. Wenn Sie auf der Suche nach den passenden Weinen sind, ist es daher ungeheuer hilfreich zu wissen, woher das Gericht kommt und auf welcher evolutionären Sprosse es kulinarisch steht (portugiesisch, elsässisch, fränkisch, Pacific Rim, Fusion, mediterran-asiatisch). Die kulinarische Botschaft einer Pizza Napoli ist eine grundsätzlich andere als die einer getrüffelten Poularde. Entsprechend sollte die Weinauswahl sein. Ein einfaches Essen wie die Pizza braucht einen einfachen Wein wie Chianti. Eine kulinarisch hochwertige Speise kommt mit einem hochwertigen Wein wie einem reifen roten Burgunder besser zurecht. Zu einem elsässischen Gericht passen elsässische Weine, zu einem Ziegenkäse von der Loire die Weißweine von der Loire: Sancerre, Pouilly-Fumé, Touraine oder Vouvray. Zu Tafelspitz mit Apfelkren ist ein Grüner Veltliner aus Österreich eine gute Wahl und zu einem Südtiroler Speckbrett ein Wein aus Südtirol, ein St. Magdalener.

Medium oder well done?

Die Zubereitungsart hat einen ganz wesentlichen Einfluss auf den Geschmack einer Speise. Beim Grillen und starken Braten wird der in fast allen Lebensmitteln enthaltene Zucker bzw. die Stärke karamellisiert – es entsteht ein süßlicher Geschmackseindruck. Auch beim Schmoren bildet sich oft Karamell, der beim weiteren Garen mit Flüssigkeit (zum Beispiel Wein!) deutlich zu schmecken ist. Wurde ein Gericht mit Wein geschmort, dann fällt die Auswahl leicht: Trinken Sie dazu den gleichen oder einen möglichst ähnlichen Wein. Kochen und Dämpfen sind die schonendsten Zubereitungsarten, bei denen viel davon abhängt, wie temperamentvoll gewürzt, gesalzen und gezuckert wird. Kraftvolle, dichte Weine passen in der Regel besser zu gegrillten und gebratenen Speisen, leichte und elegante eher zu Gekochtem oder Gedämpftem.

Trockenzeit
Trendumkehr am Ende der süßen Welle. Prägte eine ganze Generation von Weintrinkern, für die trocken zum Dogma wurde: „Selbstverständlich führen wir nur trockene Weine auf der Karte."

Hot, very hot, 112

Gewürze sind elementar: Je mehr davon verwendet werden, desto stärker muss der Wein dagegenhalten. Besonders restsüße Weine können durch ihren leichten Zuckergehalt perfekte Partner von scharfen, aromatisch gewürzten Gerichten abgeben. Doch Vorsicht bei sehr scharfen Speisen: Zu viel Säure im Wein ist kontraproduktiv, weil Säure den Schärfeeindruck verstärkt. Auch Rotwein zu scharfen Sachen kann wegen der Gerbstoffe ein Problem sein. Bei Currys, indischen und orientalischen Gewürzen und Zitronengras sind restsüße Rieslinge, Muskateller oder Gewürztraminer charmante Partner. Muskat passt zu Muskateller. Schwarzer Pfeffer hat eine gute Gerbstoffkompatibilität, passt also gut zu Rotwein. Kapern und Sardellen wiederum verbinden sich schön mit oxidativen Weinen, die wenig Frucht, aber viel Luft abbekommen haben – also Weißweine, die lange im Holzfass gelagert haben, zum Beispiel solche aus heißen Klimazonen wie Südfrankreich oder Mittelitalien. All das sind natürlich nur Anregungen für Ihre eigene Phantasie.

Der Balanceakt

Bleibt die Balance zwischen den Geschmackskomponenten. Zucker findet sich in fast jeder Speise, Säure auch. Je mehr Säure vorhanden ist, desto hilfreicher kann der Zucker sein, um sie abzufedern. So sind gute Äpfel, Zitronen und Tomaten nicht nur säuerlich, sondern auch süß. Bei der Weinauswahl sollten Sie genauso vorgehen, denn eine Speise mit einer süßsäuerlichen Soße braucht einen Wein, der beide Komponenten in adäquater Menge enthält. Erst wenn sich beides im Gleichgewicht befindet, stellt sich Harmonie ein. Haben Sie deshalb keine Angst vor restsüßen Weißweinen, sie können sehr gut zum Essen passen. Säurebetonte Speisen wie Tomaten brauchen einen säurebetonten Partner. Die Rebsorte Sangiovese ist dafür perfekt geeignet – und im Chianti und Vino Nobile ist genug davon zu finden. Auch die Rebsorte Barbera hat eine ausgeprägte Säure – perfekt zu stark konzentrierten Tomatensoßen oder Geschmortem, wo Tomaten, Knoblauch, Zwiebeln und Oliven eine Rolle spielen. Überall, wo Jodaromen vorkommen (zum Beispiel bei Mittelmeerfisch), passen wiederum leichte Rotweine oder konzentrierte Weißweine ohne Frucht, also mineralische Charakterköpfe.

Einen wichtigen Hinweis möchten wir Ihnen noch mit auf den Weg geben: Seit unzählige Weine aus aller Welt miteinander konkurrieren und sich die Länderküchen mischen, ist die kulinarische Botschaft leider nicht mehr das Maß aller Dinge. Es herrscht zunehmend Chaos, in das immer mehr Ratgeber Ordnung bringen wollen. Doch wird bei diesem Versuch oft genug der Eindruck vermittelt, Wein sei in diesem Durcheinander das Universalgetränk schlechthin. Das ist Quatsch. Zum Eis suchen wir nicht verkrampft nach passenden Weinen und zu Kaiserschmarrn mit Zwetschgenröster bevorzugen wir ein großes Glas richtig frische, kalte Milch. Und was trinken wir zum Schweinebraten mit Kümmel und Krautsalat? Ja, genau das!

DPS
Depot Paranoia Syndrom. Angst vor dem Bodensatz in hochwertigen Rotweinen. Auslöser überflüssiger Weinzeremonien. Typisches Phänomen einer entmystifizierten Gesellschaft, bei der sich Übersprungshandlungen in Form sinnentleerter Rituale entladen.

Wein im Restaurant

Die meisten denken beim Thema Wein und Essen ans Restaurant. Schließlich genießt der selbstbewusste Gastgeber noch immer das höchste gesellschaftliche Ansehen, wenn er aus einem zentnerschweren Weinatlas mit hochgezogener Augenbraue und gerunzelter Stirn die endlosen Kolumnen mit dem Finger entlangfährt, um irgendwann innezuhalten und zur pochierten Seezunge eine Flasche 95er Château Margaux zu ordern. In Wirklichkeit hat der

Weinkarte
Auslösender Faktor der Sommelierpanik.

arme Kerl satteltaschengroße Schweißflecken unter dem Jackett und wird sein rotes Tanninwunder erleben, wenn er den viel zu jungen Gerbstoffboliden zu dem zarten Fischlein trinkt.

Es liegt in der Natur der Sache, dass Sie im Restaurant nie zu einem Weinkenner werden können: Die Gastronomen kalkulieren mit drei-, vier- oder auch fünfhundert Prozent. Außerdem haben nur wenige Restaurateure ausreichend Ahnung vom Wein; meist denken die nur daran, billig einzukaufen und möglichst teuer auszuschenken. Alles gewichtige Argumente für Sie, kochen zu lernen und möglichst viel zu Hause zu probieren – denken Sie ans Suppenhuhn. Wenn es Ihnen gelingt, am eigenen Herd halbwegs regelmäßig klassische Gerichte zuzubereiten, sagen wir ein Mal in der Woche, und Sie dazu jeweils verschiedene Weine probieren, dann sind Sie schnell aus dem Gröbsten heraus. Und wenn Sie mit Freunden reihum trainieren, geht es nicht nur durch die erhöhte Frequenz noch schneller, auch die Meinungsvielfalt erhöht den Erkenntnisprozess exponentiell. Nach einem halben Jahr betreten Sie das glatte Parkett der Weinkarten entschieden selbstbewusster, denn Sie müssen keine Blindflüge mehr veranstalten. Die haben Sie ja zu Hause gemacht – und sich gefreut und geärgert.

Hier die wichtigsten Indizien, an denen Sie eine gute Weinkarte erkennen: Sie hat keine Präambel in Form und Umfang der amerikanischen Unabhängigkeitserklärung, mit der die Gäste über die Grundsätze der Weinauswahl belehrt werden. Außerdem ist sie übersichtlich gestaltet und verzichtet auf weinlaubumkränzte Biederkeit und hilflose Ornamentik, die der Patron in seiner Freizeit auf dem PC zusammenstümpert. Und wenn die Bedienung nichts zur Herkunft des Hausweins sagen kann, beschränken Sie Ihren Weinkonsum am besten auf Bier. Gute Restaurants bieten ihren Gästen eine wechselnde Auswahl an offenen Weinen.

Kaufen Sie sich endlich ein Kochbuch!

Sommeliers

Manche Restaurants beschäftigen Weinkellner, Sommeliers genannt, die nichts anderes tun, als ihren Gästen in Getränkefragen mit Rat und Tat zur Seite zu stehen. Von solchem Fachpersonal dürfen Sie getrost erwarten, dass es auf Ihre individuellen Wünsche eingeht und Sie in allen weinrelevanten Fragen ausführlich berät.

Und so werden Sie mit einem Weinkellner am besten fertig: Wenn er Ihnen eine Flasche empfiehlt, erkundigen Sie sich in jedem Fall nach dem Preis – nur so vermeiden Sie peinliche Bauchlandungen. Haben Sie keine Angst davor, ein Preislimit zu nennen, das hilft allen Beteiligten. Der Kellner, ob Sommelier oder Aushilfe, darf die bestellte Flasche übrigens erst öffnen, nachdem Sie sie gesehen und abgenickt haben. Bis zu diesem Moment können Sie die Flasche zurückgehen lassen. Wenn Sie sich also verständigt haben, kommt die Nummer mit dem Korkenzieher, ein Ritual, von dem leider nur die wenigsten wissen, wozu es eigentlich gut ist.

> **Sommelierpanik**
> *Angeborener Reflex der meisten Restaurantbesucher. Äußert sich in Form von Herzrasen, Schweißausbrüchen und vollkommener Willenlosigkeit: „Als der Weinkellner mich fragte, welchen Wein er mir zum Ying und Yang vom Jungbullen empfehlen dürfe, bekam ich diesen entsetzlichen Tinnitus im Ohr. Von da an kann ich mich an nichts mehr erinnern."*

Hier zuerst die angenehmere Variante: Ein guter Weinkellner entkorkt die Flasche, probiert einen winzigen Schluck daraus und stellt fest, ob der Wein in Ordnung ist. Dann schenkt er Ihnen einen Probeschluck ein. Wenn auch Sie keinen Fehler feststellen, schenkt er allen Gästen am Tisch ein. Dieses Verfahren ist leider nur in Frankreich üblich.

In Deutschland hat sich die unangenehme Variante durchgesetzt: Der Weinkellner öffnet die Flasche und lässt ausschließlich Sie probieren. Manchmal hält er Ihnen zu allem Unglück auch noch den nassen Korken unter die Nase. Sollten Sie einen Korkschmecker erwischen, haben Sie das Recht, den Wein zurückgehen zu lassen, ohne dafür zu bezahlen. (Das Gleiche gilt übrigens für offenen Wein: Wenn er korkt, lassen Sie ihn zurückgehen.) Falls der Kellner mit Ihnen zu debattieren beginnt, ist er ein schlechter Kellner. Spätestens jetzt müssen Sie laut werden. Allerdings ist nur Fehlerhaftigkeit ein Grund dafür, eine Flasche abzulehnen. Es geht beim Probieren nicht um die Frage, ob Ihnen der Wein gefällt. *„Ich hatte mir den Wein aber ganz anders vorgestellt"* gilt nicht.

Schließlich noch die Frage nach dem Aperitif: Wir verzichten im Restaurant dankend. Meistens wird uns ein obskurer Sekt oder Hauscocktail angedreht oder, schlimmer noch, Prosecco mit Maracujapulpe aus dem Tetrapak! So ein Zeug bringt dem Wirt glatte 1000 Prozent Gewinn. Wir bevorzugen eine Flasche Mineralwasser – da verdient er nur das Achtfache. Und beim Digestif? Da treibt es die Gastromafia noch dreister. *Nocheschönegrappabellasignorinadottore?* Wenn dieses akustische Warnsignal ertönt, winken wir erschrocke ab. Das Augenlicht für einen Doppelkorn aus destilliertem Traubenkompost aufs Spiel zu setzen, ist uns eindeutig zu riskant.

→ **Wenn Sie das Thema wirklich begreifen wollen, lernen Sie kochen und probieren Sie mehrere verschiedene Weine gleichzeitig zum Essen aus**

→ **Weißwein ist im Zweifelsfall flexibler zum Essen einsetzbar als Rotwein**

→ **Denken Sie an die kulinarische Botschaft einer Speise**

→ Gewürze und Zubereitungsarten sind wichtig

→ Wein ist in deutschen Restaurants viel zu teuer

Etiketten lesen und verstehen
Die Sprache des Weinetiketts

– – – – – –

Machen wir's kurz: Eine Flasche Wein hat eine Vorder- und eine Rückseite. Vorn ist das Etikett und hinten ist meistens nichts. Eigentlich ist die blanke Rückseite die interessantere Seite. Sie sagt über den Wein viel mehr aus, denn sie zeigt die ungeschminkte Wahrheit und macht deutlich, dass es beim Wein nur um zwei Dinge geht: den Inhalt und die Verpackung. Die Verpackung ist die Hülle, der Wein die Seele.

Früher haben wir geglaubt, das Etikett würde uns eine klare Antwort geben, wie der Wein schmeckt. Deshalb haben wir ständig nach Indizien gefahndet, die uns bei der Suche nach dem passenden Wein weiterhelfen könnten. Vergebens. Wir haben einfach nicht gewusst (und niemand hat es uns gesagt), dass ein Weinetikett nur Auskunft darüber gibt, wer den Wein wann gemacht hat und wo er gewachsen ist. Auch wenn manche Etiketten etwas über die verwendeten Rebsorten oder den Ausbaustil (halbtrocken, brut) mitteilen, so lassen sie einen sogar oft darüber im Unklaren, ob es sich um Weißwein oder Rotwein handelt. Und weil sich aus dieser Summe von Unklarheiten Unsicherheit ergibt, klammert sich der Verunsicherte an jene Details der Etiketten, die er ganz leicht verstehen kann – die Bilder, Farben, Wappen, Symbole, Logos – und macht sich auf diese Weise ein Bild vom Geschmack des Weins in der Flasche. Er löst ein Bilderrätsel. Manchmal klappt es sogar.

Ganz knapp gesagt: Fast alle Angaben auf den Etiketten sind verwaltungstechnischer und juristischer Natur, also ziemlich unwichtig. Das meiste ist EU-Ballast, der wohl nur dazu dient, die Umsätze der Druckfarbenindustrie anzukurbeln. Jedes Land, häufig sogar jede Region, hat eigene Bestimmungen, was auf dem Etikett stehen muss.

Bevor wir ins Detail gehen, hier vorab die wichtigsten Etikettenregeln:

– Der wichtigste Qualitätsindikator ist der Name des Winzers.

– Alle weiteren Angaben sind zwar Informationen, aber
nachrangig.

– Wenn Sie wissen wollen, wie ein Wein schmeckt und ob
er Ihnen gefällt, müssen Sie ihn probieren.

Der erste Punkt ist elementar. Nur ein guter Erzeuger fällt
im Weinberg und Keller die richtigen Entscheidungen. Von
ihm hängt es ab, ob der Wein gut oder schlecht ist, sein
Name bürgt für die Qualität. Also müssen Sie sich Informationen beschaffen, welcher Erzeuger guten Wein macht –
Adressen finden Sie am Schluss dieses Buchs. Der Mythos
Wein lebt von dieser Wahrheit: Guten Wein kauft man
nicht, man findet ihn. Vertrauen Sie dabei immer Ihrem
eigenen Urteil. Wir wünschen Ihnen viel Glück!

Die beiden Etikettentypen
Grundsätzlich gibt es zwei Typen von Etiketten:

– In bestimmten Regionen wird die Rebsorte fast immer
deklariert, so zum Beispiel in Deutschland, in Österreich, in der Schweiz, im Elsass, in Südtirol, Friaul und
manchen anderen Regionen Italiens sowie überall in
Übersee.

– In vielen anderen Anbaugebieten wird die Rebsorte nicht
genannt. Hier einige der prominentesten Beispiele: in
Frankreich zum Beispiel Bordeaux (u. a. Médoc, Graves,
St-Emilion, Pauillac, Margaux, Pomerol), Burgund (hier
wird zu allem Unglück häufig nur der Ortsname genannt
wie Chablis oder Vosne-Romanée) und Loire (Sancerre
und Pouilly-Fumé); in Spanien zum Beispiel Rioja, Na-
varra, Penedès; in Italien zum Beispiel Chianti, Barolo,
Valpolicella, Vino Nobile di Montepulciano.

Diese Prinzipien sagen viel mehr über das Weinverständ-
nis der Menschen in den Regionen aus als über den Wein
selbst. Und es ist nur scheinbar kompliziert: In Regionen, wo
der Ortsname die Rebsorte ersetzt, hat sich ein bestimmter
Weintypus herausgebildet, der für die ganze Region steht.

Ein Hermitage wird eben immer aus der Rebsorte Syrah gemacht und ein Bordeaux meist aus den drei Rebsorten Cabernet Sauvignon, Cabernet franc und Merlot (manchmal ist auch etwas Petit Verdot im Spiel, *das haben Sie sich doch gemerkt, oder?*). Dieser Stil hat sich über Jahrhunderte entwickelt, weshalb die Winzer es für wichtiger halten, etwas über die Herkunft mitzuteilen als über die Anteile der Rebsorten.

Dort, wo die Rebsorte genannt wird, gibt es diesen einen repräsentativen Typ nicht, sondern viele verschiedene. Die Weinbaugebiete der Neuen Welt existieren zum Teil erst seit zehn oder zwanzig Jahren. In so kurzer Zeit kann sich kein Weinstil herausbilden. Und weil dort viele verschiedene Weine gemacht werden, käme es für die Produzenten dem Ruin gleich, statt der Rebsorte den Namen des Ortes aufs Etikett zu schreiben.

Spielregeln

Die meisten Weintrinker glauben, das Etikett würde etwas über die Qualität aussagen. Doch um einen Wein wirklich beurteilen zu können, muss man ihn trinken. Das ist das einzige Gesetz, das uneingeschränkt gilt.

Das Schöne beim Wein ist: Alle dürfen mitspielen, auch wenn sie die Spielregeln nicht beherrschen. Deshalb ist es völlig egal, ob Sie jedes Weinetikett auf der Welt dechiffrieren können oder nicht. Ein Etikett legt nur ungefähr den Rahmen fest, in dem sich die Qualität des Weins bewegt, und häufig nicht einmal das. Bei der Kleidung ist es nicht anders; die Konfektionsgröße sagt auch nichts darüber aus, ob einem ein Hemd wirklich passt und gefällt, denn darüber entscheiden das Material, die Farbe und der Schnitt. Die wichtigsten Infos auf dem Etikett können einem helfen, den Wein zu verste-

Prädikatismus
Paragraphenfixierte Weinerzeugung: „Geschafft, 90 Grad Öchsle! Das gibt 'ne Auslese!!"

hen und besser einzuordnen, während man ihn probiert. Die Angaben zu interpretieren, hilft einem immer nur bis zu einem gewissen Punkt weiter. Diese Erkenntnis unterscheidet Neugierige von Etikettentrinkern. Die lesen nur und reden sich den Wein schön – egal, was sie im Glas haben. Neugierige hingegen lassen ihren Geschmack entscheiden.

Deutsche Etiketten

– Tafelwein und Landwein: die beiden untersten Qualitätskategorien beim Wein. Außer beim Dämmerschoppen aus dem Tetrapak ist diese Kategorie kaum zu finden.
– In Deutschland wird die Rebsorte auf dem Etikett angegeben. Fehlt sie, dann ist es eine Cuvée, also ein aus mehreren Rebsorten komponierter Wein.
– Fast immer wird die Lage angegeben. Doch es gibt zu viele Lagennamen, meist haben sie für den Wein keine qualitative Aussage.
– Bei manchen Weinen wird der Reifegrad der Trauben bei der Ernte angegeben: Kabinett, Spätlese, Auslese, Beerenauslese, Trockenbeerenauslese oder Eiswein. Doch auch diese Prädikate sagen wenig über die Qualität aus.
– Fast immer ist angegeben, ob der Wein trocken oder halbtrocken ist, also wie viel unvergorenen Zucker der Wein enthält. Fehlen die Hinweise trocken oder halbtrocken, dann ist der Wein süß.
– Die Bezeichnungen Classic und Selection sind ganz neu und stiften noch mehr Verwirrung, weil im Gegenzug andere Bezeichnungen nicht abgeschafft werden, etwa das Hochgewächs – eine Spezialkategorie zwischen Qualitätswein und Kabinett. Ihre Bedeutung für die Weinqualität ist gleich null.
Die Bezeichnung Erstes Gewächs wird nur im Rheingau

Qualitätswein
Marketing-Gag der Technik-Optimismus-Periode des 20. Jahrhunderts.

verwendet und soll besondere Weine besonderer Lagen auszeichnen. Ob das so ist, muss sich erst noch weisen.

– Die dumme Bezeichnung Qualitätswein sagt absurderweise nichts, aber auch gar nichts über die Qualität des Weins aus. Meist handelt es sich um ein Auffangbecken für Weine mit geringer Reife. Der Begriff Qualitätswein ist letztlich ein weinrechtlicher Gattungsbegriff für Weine, die vor der Gärung mit Zucker angereichert wurden, um den Alkoholgehalt zu erhöhen. In Deutschland zum Beispiel sind in vielen Jahren über 90 Prozent aller produzierten Weine so genannte Qualitätsweine. Das kann ja eigentlich nicht angehen bei einer Jahresproduktion von einer Milliarde Liter.

Französische Etiketten

– In Frankreich wird fast immer der Name der Region angegeben und nur sehr selten die Rebsorte. Jede Region steht für einen bestimmten Weinstil, der auch über die zugelassenen Rebsorten definiert wird sowie teilweise über das Vinifikationsverfahren. So müssen manche Weine eine bestimmte Zeit lang in Holzfässern und auf der Flasche reifen, bevor sie verkauft werden dürfen, etwa die hochwertigen Weine im Bordeaux.

– Manchmal wird die Lage angegeben – das Wort Clos (Weinberg) ist ein Hinweis darauf.

– In sehr seltenen Fällen wird der Reifegrad der Trauben bei der Ernte angegeben, zum Beispiel Vendange tardive (Spätlese) oder Sélection des grains nobles (Beerenauslese).

– Die Bezeichnung Réserve ist Winzerpoesie und sagt nichts über die Qualität aus.

– Die Angaben Premier cru, Grand cru, Premier grand cru und 2e cru bis 5e cru sind Hinweise darauf, dass diese Weine von klassifizierten Erzeugern (im Bordeaux) bzw. Weinbergen (im Burgund sowie im Elsass und der Champagne) stammen. Dies kann ein Qualitätsindiz sein, fast immer aber ist es ein Zeichen für einen besonders hohen Preis.

– Nur Weine mit der Bezeichnung Moelleux und Doux sind Weine mit Restsüße – sonst handelt es sich um trockene Weine. Achtung vor den zahlreichen Ausnahmen jener Regionen, die ausschließlich Süßweine produzieren wie zum Beispiel Sauternes, Montbazillac, Banyuls, Rivesaltes oder Muscat de Beaumes-de-Venise. Hier fehlt oft jeder Hinweis, dass es sich um einen restsüßen Wein handelt, frei nach dem Motto: „Das weiß doch ohnehin jeder!"

Italienische Etiketten

Nirgendwo auf der Welt sind Etiketten kryptischer als in Italien. Ehrlich gesagt, wir haben es aufgegeben, sie im Detail zu verstehen. Hier die wichtigsten Informationen:

– Der Hinweis Riserva besagt, dass der Wein eine bestimmte Zeit lang in Fässern und in der Flasche gelagert hat. Kein Beweis für Qualität.

– Superiore klingt toll, sagt aber nichts: Die Trauben waren bei der Lese ein wenig süßer als im Durchschnitt.

– Classico: Ein Hinweis, dass der Wein aus der Kernzone eines Anbaugebietes stammt. Kein Beweis für Qualität, da keine wirklich wichtigen Bedingungen für die Produktion gestellt werden.

– IGT: Entspricht weingesetzlich einem Landwein. Es gibt einige wenige sehr, sehr gute (und teure) IGT-Weine – aber noch viel mehr schlechte.

– Vino da tavola: Tafelwein für die unterste Kategorie – darf nur ohne Jahrgangsbezeichnung abgefüllt werden.

– DOC und DOCG: Weingesetzliche Ursprungszonen ohne wirkliche Bedeutung für die Weinqualität, ebenso wie die zahllosen Halsschleifen der einzelnen Konsortien.

– Achten Sie wie immer auf die Goldkante – den Namen des Erzeugers. Nur er garantiert für Qualität.

Jahrgang

Die Bedeutung des Jahrgangs wird grundsätzlich überschätzt. Hört man den Winzern so zu, dann ist jedes Jahr ein großes Jahr. Natürlich gibt es so etwas wie Jahrgangsunterschiede, klar, dass nicht jedes Jahr gleich ist. Die Fortschritte in Weinbergspflege und Kellertechnik haben aber inzwischen dafür gesorgt, dass engagierte Winzer heute sogar durchschnittlichen Konsumwein ohne nennenswerte Jahrgangsschwankungen herstellen können.

Schlechtes Jahr
Im kleinen Holzzeitalter ausgestorbenes Klimaphänomen. Dank El Niño gab es seit Beginn des 21. Jahrhunderts nur noch gute Jahrgänge. „Tja, auch wenn Köln an der Nordsee liegt – der Temperaturanstieg hat auch seine guten Seiten."

Jahrgänge pauschal zu beurteilen ist falsch, weil immer auch die Lage über die Qualität eines Jahrgangs entscheidet. Jeder Weinberg reagiert anders auf die Witterungsverhältnisse. So lassen zum Beispiel Weinberge mit durchlässigen Böden überschüssiges Regenwasser abfließen, während Lagen, die ideal für trockene Witterung sind, bei viel Regen absaufen.

Aber selbst in schlechten Jahren gibt es immer wieder positive Überraschungen, überall auf der Welt, in jedem Weinbaugebiet. Deshalb bringt man sich mit grob gerasterten Jahrgangsurteilen um die schönsten Erlebnisse. Viel entscheidender als die Jahrgangsfrage ist, ob ein Winzer nur engagiert ist oder aber wie besessen arbeitet. Je mehr Energie einer aufbringt, seinen Wein besser zu machen, desto geringer ist das Risiko, bei ihm in schwachen Jahren schlechte Weine zu finden. Kurz gesagt: Es gibt keine schlechten Jahre mehr, sondern nur noch schlechte Winzer.

—> Wichtiger als das Etikett ist der Wein

—> Die Bezeichnung Qualitätswein sagt nichts
über die Qualität eines Weins aus

—> Das wichtigste Qualitätsindiz ist der Name des
Winzers

1

Schöne neue Weinwelt
**Der Wein im
dritten Jahrtausend**

— — — — — —

Längst wird die Weinwelt nicht mehr von handwerklich arbeitenden Winzern geprägt – Wein ist wie alle anderen Lebensmittel auch ein Industrieprodukt geworden, das in millionenfacher Auflage erzeugt werden kann. Über 40 Prozent aller in Deutschland verkauften Weine werden im Hard-Discount unter 3 Euro verramscht – also dort, wo man den Mythos Wein garantiert nicht findet und sein Geld am sichersten zum Fenster rauswirft.

Eine andere, wichtige Rolle in der modernen Weinwelt spielen die Weinjournalisten und Kritiker. Sie entscheiden heute über Wohl und Wehe beim Wein und bestimmen maßgeblich mit, welcher Weinstil Erfolg hat – und welcher nicht. Diese Entwicklung vollzieht sich nicht selten auf Kosten von Weinen aus tradierten Weinbauregionen.

Der Abgang der roten Robe

Vor hundert Jahren gab es noch keine Weinpäpste und auch nicht deren Weinbibeln, randvoll mit Verkostungsnotizen, in denen sie Weinen entweder ihren Segen erteilen oder sie gnadenlos exkommunizieren.

Natürlich haben die Weinpäpste eine eigene Sprache, eine Art Weinlatein, um Fluch und Segen auszusprechen. Es ist eine reine Fachsprache, die nur äußerlich etwas mit der Alltagssprache normaler Sterblicher zu tun hat. *Bleibt angenehm aufgrund seiner roten Robe und seiner samtigen Struktur; einem eleganten Zusammenspiel von reicher Frucht und ausgewogenem Tannin folgt ein lang anhaltender, feiner Abgang:* Ein so beschriebener Wein hat die höheren Weihen erhalten. Lautet das Urteil allerdings *grüne Säure, stahliger Körper, mostiger Anklang, dumpfer Nachhall und am Gaumen zu trocken,* dann war alle Mühe des Winzers vergebens. Nicht einmal als Messwein käme ein solcher Tropfen in Betracht.

Weinführer
Gehören zur Gattung liturgischer Bücher.

Das Weinlatein der Kritiker ist eigentlich nur eine Krücke, um subjektive Sinneswahrnehmungen auszudrücken, die jeder Mensch anders empfindet. Fachleute können diesen Code übersetzen, Laien aber werden davon eher abgeschreckt. Wenn aber kaum ein Mensch weiß, wovon sie reden, warum gibt es sie dann – die Weinpäpste?

In der klassischen Weinwelt von früher wusste man, was man trank, und konnte sicher sein, dass die Winzer ihren Stil nicht so schnell wechselten wie die Unterhosen. Heute sieht das anders aus. Australien, Uruguay, Libanon, Südafrika – das meint man inzwischen alles drauf haben zu müssen, um mitreden zu können. Dank neuer Kellertechnologien und kurzatmiger Trends mutieren die Weinstile heute schneller als ein Grippevirus.

Objektivität
Beim Wein ein Märchen.

Dies ist die Stunde der Weinkritiker. Als selbst ernannte Päpste und Gegenpäpste ziehen sie durch die Lande und preisen die neuesten Trendweine. So heizen sie die globale Konkurrenzsituation munter an, immer unter dem Vorwand, den Weingläubigen Licht ins Dunkel bringen zu wollen.

Licht? Ist es wirklich Licht?

Wir sind da anderer Meinung: Das Dunkel, das den umherirrenden Weinfreund umgibt, ist in Wirklichkeit eine freiwillige Blindheit, weil er seinen eigenen Empfindungen nicht vertraut. Das treibt merkwürdige Blüten. Denn im Gegensatz zu früher ist Wein kein Luxusgut mehr, sondern zum Statussymbol degeneriert. Wie sonst lässt sich erklären, dass bei den unzähligen Weintests von Gourmet-Magazinen und Wein-Guides aus einem Heer von Flaschen immer wieder der dickste Cabernet gekürt wird?

Weinjournalisten
Berufstrinker.

Aus solchen Veranstaltungen gehen naturgemäß die leistungsmaximierten Boliden mit dem höchsten Drehmoment als Sieger hervor. Und wenn der Amerikaner Robert M. Parker, Jr. einem Monsterwein mit 100 von 100 möglichen Punkten die Absolution erteilt, dann ist das, als stiege weißer Rauch aus dem Konklave auf – und der Winzer ist ein gemachter Mann. Weinpäpste sind eben unfehlbar. Selbst vor Listen, in denen sie die angeblich hundert besten Weine der Welt küren, machen sie nicht Halt.

Doch die inflationären Rankings und Ratings sind die falsche Antwort. Der Versuch, emotionale Wahrnehmungen wie Duft und Geschmack mit floskelhaften Weinbeschreibungen und Punkten scheinbar objektiv zu bewerten, kann nur in die Irre führen. Denn sowenig, wie es das beste Buch oder das schönste Gemälde gibt, existiert der beste Wein der Welt.

Parkerpunkte

Im Zuge der Weinglobalisierung musste eine international verständliche, sprachunabhängige Bewertungsskala entwickelt werden. Die Symbole der Alten Welt wie Gläser oder Sternchen unterlagen dabei dem 100-Punkte-System des amerikanischen Weinmullahs Robert M. Parker, Jr.: „87 Parkerpunkte für 8 Euro 40! Ein toller Wein!!"

Weine für jedermann

Bis Mitte der 90er-Jahre musste man sich noch bücken, um Überseeweine von tief unten im Regal in den Einkaufswagen zu hieven. Heute stehen sie bandscheibenfreundlich in Augenhöhe und appellieren mit ihren Schlüsselreizen an die Urinstinkte des Weinverbrauchers: Bordeauxflasche, schickes Etikett mit Goldprägung, cooler Name, internationales Outfit. Doch das Wichtigste an ihnen ist ihre Herkunft aus den Fernwehstaaten Chile, Argentinien, Australien, Südafrika und Kalifornien – Ländernamen, bei denen man schon beim Hören einen Sonnenbrand bekommt. Wer kann da schon Nein sagen?

Die Namen auf oder hinter den Etiketten sind stets die gleichen: Lindeman, Penfolds, Gallo, Mondavi… Allein ihre Werbemacht ist so gigantisch, dass der Auftritt dieser Weine marktbeherrschenden Charakter hat. Namen, Flaschenformen und Herkunft mögen unterschiedlich sein, aber der Wein wirkt trotzdem wie geklont, ganz egal, ob er nun aus Kalifornien, Argentinien oder Australien stammt. In Down Under zum Beispiel entspricht die Durchschnittsgröße eines Weingutes der eines kleinen deutschen Weinbaugebietes. Zurzeit ist Australien noch ein Weinbauzwerg, sein Anteil an der Weltweinbaufläche beträgt gerade einmal ein Prozent, aber pro Jahr kommen mehrere tausend Hektar Shiraz, Cabernet, Semillon und Chardonnay hinzu.

Mit Hilfe von Marketingstrategen und einer Hand voll global agierender Önologen – Weinberater und Kellermeister in Personalunion – wird überall in der Neuen Welt Wein im industriellen Maßstab produziert. Ohne Cabernet, Chardonnay, Shiraz und Merlot läuft in den Massenbetrieben der schönen neuen Weinwelt nichts. Und die zweite Rebsortengarde – Viognier, Semillon, Barbera und Grenache – ist schon in Startposition.

Das Traubenmaterial wird im Wüstenklima mit Tröpfchenbewässerung angebaut, in industriellen Großanlagen verarbeitet, nach Gallo-Rezeptur mit Zitronensäure, Tanninpulver und den allseits so beliebten Eichenchips als Barrique-Surrogat abgeschmeckt. Heraus kommen die beiden Geschmacksrichtungen Banane-Vanille (Weißwein) und Brombeer-Vanille (Rotwein).

Modeweine
Um 1970: süße Tröpfchen
Um 1980: saure Reißer
Um 1990: Gerbstoffboliden
Um 1995: Alkoholbomben
Um 2000: Fruchtbomben

Doch oberstes Ziel dieser Vinifikateure bleibt es, den Weinen jegliche Jahrgangsunterschiede auszutreiben.

In Kalifornien kaufen die Megaproduzenten ihre Trauben an der gesamten Westküste ein, von Kanada bis Mexiko. Daraus machen sie Weine, die millimetergenau in ihr Preis- und Marktsegment passen. Dabei ist praktisch alles erlaubt, weil es kaum weinbauliche Vorschriften gibt: Tanninpulver, Eichenchips, Zitronensäure, Farbpulver, Mostkonzentration, Wasserzusatz, Enzyme und Aromastoffe. So entstehen Industrieprodukte, die weder das Klima noch die Eigenarten des Bodens ausdrücken und zu überteuerten Preisen auf den Markt geworfen werden. So oder ähnlich werden die Massenweine überall in der Neuen Welt produziert. Neu ist jedoch, dass inzwischen auch in Spanien, Apulien und Sizilien ähnlich gearbeitet wird. Das Produktionsergebnis darf sich Wein nennen, aber mit dem Mythos Wein hat es nichts zu tun.

In der Werbung wird der internationale Stil dieser Weine ebenso blumig angepriesen wie ihr außergewöhnliches Preis-Leistungs-Verhältnis. Das sind nichts als beschönigende Chiffren für global verfügbare Industrieprodukte, Konformität und Beliebigkeit – also Weine für jedermann.

Bumerangwein

Von Australiern in Italien für den deutschen Markt produzierte Weine im Ami-Stil.

Dem Verbraucher werden diese Industrie-Plagiate dann von freundlich lächelnden Sommeliers oder Spitzengastronomen angepriesen, die mit den Produzenten Langzeit-Werbeverträge eingehen. Das Konzept der Erzeuger, Zwischenhändler und Marketingstrategen geht auf. Im heiß umkämpften Preissegment von 3 bis 7 Euro sind ihre weichgespülten Weine erschreckend erfolgreich, sie gehen weg wie die warmen Semmeln sonntags bei Aral.

Dieses System funktioniert reibungslos, weil es seine Kunden geschickt in dem Glauben vereint, sie würden dem teuren Bordeaux-Establishment mit dem Kauf dieser Produkte kräftig eins auswischen. Zu Hause tischen die stolzen Besitzer ihre Billigkopien dann mit einem überlegenen Siegerlächeln auf: *Schmeckt wie ein Premier cru, kostet aber nur ein Zehntel!*

Lassen Sie sich davon nicht beirren. In jedem Fall ist es sinnvoll und macht mehr Spaß, ein Thema zu umkreisen und sich mit einer Region und ihren Stilen intensiver zu be-schäftigen, als permanent an der Oberfläche durchs globale Weinprogramm zu zappen. Plagiate sind nicht nur Blender – sie sind Blendgranaten, weil sie durch ihr massives Auf-treten oder durch ihr überzeichnetes Image von den wahren Weinen ablenken. Erst nehmen sie ungerechtfertigterweise ihren Platz ein, um sie schließlich ganz zu verdrängen.

$\rightarrow$ **Verlieren Sie sich nicht im Weindschungel, konzentrieren Sie sich**

$\rightarrow$ **Punktebewertungen sind nicht viel wert**

$\rightarrow$ **Geschmack ist immer subjektiv**

$\rightarrow$ **Trinken Sie gegen den Trend**

Service

Was nützt Ihnen das ganze Weinwissen, wenn Sie nicht wissen, wo Sie den Wein kriegen? Damit Ihre Weinsuche nicht zur Odyssee wird, haben wir ein paar Betriebe zusammengestellt. Es handelt sich um eine persönliche Auswahl von Winzern, von denen wir wissen, dass sie nicht nur gute Weine, sondern auch eine kompetente Beratung bieten.

Der Königsweg ist und bleibt, sich aufzumachen, um Winzer, Weine und Weinberge persönlich kennen zu lernen – so kommt man dem Mythos Wein am nächsten. Wir empfehlen Ihnen, vor dem Besuch eine Weinliste anzufordern, um sich über das Preisniveau ein Bild machen zu können, und einen Termin auszumachen, damit der Winzer sich auf Sie einstellen kann. Wem der Weg zum Winzer zu weit ist, der kann ein Probepaket ordern. Die Probeflaschen sollten Sie nicht nacheinander probieren, sondern gleichzeitig, am besten mit Freunden – und auch am nächsten Tag noch einmal. Von den Lieblingsweinen sofort bestellen, mit Vorteil mehr als sechs. Dann können Sie Ihr Urteil öfter überprüfen und feststellen, ob und wie sich der Wein verändert und wie er unter verschiedenen Bedingungen schmeckt.

Ahr

Nördliche Miniaturrotweinregion. Eine Hand voll hervorragender Erzeuger von Spitzenburgundern (Frühburgunder, Spätburgunder). Aber auch viel Mittelmaß und noch mehr Touristenwässerchen. Besonders beliebt bei Schunkelgesellschaften.

Weingut J.J. Adeneuer
Max-Planck-Straße 8, 53474 Ahrweiler
Tel. (0 26 41) 3 44 73, Fax 3 73 79
Jjadeneuer@t-online.de
Hier versteht man sich auf elegante, feine Spätburgunder. Aus der winzigen Einzellage Walporzheimer Gärkammer stammt ein großartiger Rotwein: fein, filigran und voller Leben. Er wird traditionell nur im großen Holzfass ausgebaut, nicht im Barrique. Eine gute Entscheidung, denn das neue Eichenholz würde diesen Baletttänzer zum Gewichtheben zwingen.

Weingut Nelles
Göppinger Straße 13a, 53474 Heimersheim
Tel. (0 26 41) 2 43 49, Fax 7 95 86
www.weingut-nelles.de
Lassen Sie sich vom Bustouristenrummel nicht abschrecken – und die Finger von den gerbstofffreien, mit Süßreserve aufgepoppten roten Touristenwässerchen. Gehen Sie zu Thomas Nelles, der ausgesprochen gut erklären und zuhören kann. Sein Weingut gehört zu den sechs Betrieben, die an der Ahr Wein machen, richtigen Wein. Brillanten Spätburgunder, seidig weich und transparent, mit elegantem Duft.

Mosel-Saar-Ruwer

Atemberaubendes Landschaftsszenario zwischen Koblenz und Trier. Leichte, filigrane, restsüße – seltener trockene – Rieslinge von Weltformat. Schiefer total. Rund 40 Erzeuger liefern kontinuierlich das denkbar Beste.

Weingut Heymann-Löwenstein
Bahnhofstraße 10, 56333 Winningen
Tel. (0 26 06) 19 19, Fax 19 09
www.heymann-loewenstein.com
Wer wissen will, wie großartig Riesling sein kann, kommt an Reinhard Löwenstein nicht vorbei. Seit Jahren setzt er sich für den Erhalt der extrem hochwertigen, aber auch extrem arbeitsaufwändigen Steillagen an der Mosel ein. Seine Rieslinge sind eine Klasse für sich und bringen die ganze Expressivität des Schiefers in all seinen geologischen Erscheinungsformen zum Ausdruck. Manche mögen Reinhard Löwenstein für einen Maniac halten, doch sein Engagement, die Vielfalt der Terroirs an der Mosel auszudrücken, ist eine wahrhaft herkuleische Arbeit, die sich wie im Burgund über Jahrhunderte erstreckt. Das schreckt diesen Pionier jedoch nicht ab, denn er weiß: Einer muss den ersten Schritt wagen.

Weingut Reinhold Franzen
Gartenstraße 14, 56814 Bremm
Tel. (0 26 75) 4 12, Fax 16 55
www.weingut-franzen.de
Ulrich Franzen müht sich im steilsten Weinberg der Welt ab. Seine schieferbetonten, ausladend fruchtigen Rieslinge sind voller Mineralität und purer Eleganz. Hier kommt man dem Mythos Wein besonders nahe.

Gutsverwaltung von Schubert – Grünhaus
Maximin Grünhaus, 54318 Mertesdorf
Tel. (0 6 51) 51 11, Fax 5 21 22
www.vonschubert.com
Dieses Weingut ist ein Urgestein. Herr von Schubert ist ohne
Frage einer der wichtigsten Unterlassungspioniere Deutsch-
lands: Weil er seit Jahrzehnten darauf verzichtet, modischen
Schnickschnack mitzumachen, ist er inzwischen wieder ein
Avantgardist. Seine eleganten, schmetterlingshaften Ries-
linge gehören zum Besten, was Deutschland zu bieten hat.

Weingut St. Urbans-Hof
Oekonomierat Nik Weis
54340 Leiwen
Tel. (0 65 07) 9 37 70
www.urbans-hof.de
Hier zieht ein Hochbegabter die Fäden. Sein Name: Nik
Weis. Im Mittelpunkt steht der Riesling – wie könnte es anders sein an der Mosel. Aber auch an der Saar bewirtschaf-
tet das relativ junge Weingut Spitzenlagen. Keine Rebsorte
ist besser geeignet, das Terroir dieser Region vollendet zu
interpretieren. Und wer genau wissen will, wie Schiefer
riecht und schmeckt, der sollte die mutigen, eigenwilligen
und hinreißend schönen Weine dieses Gutes auf gar keinen
Fall verpassen. So etwas gibt es nicht oft auf der Erde!

Mittelrhein

Weinbauflickenteppich im Rheintal zwischen Bingen und Koblenz, wo den Japanern (und den meisten andern auch) der Atem stockt und ihnen vor Rührung die Tränen kommen. Riesling satt. Auch hier Schiefer. Rund 10 Spitzenerzeuger halten die Fahne hoch.

Weingut Weingart
Mainzer Straße 32, 56322 Spay
Tel. (0 26 28) 87 35, Fax 28 35
www.weingut-weingart.de

Florian Weingart ist ein Filigran-Vinifikateur: Er macht kraftvolle, schieferbetonte Charakterköpfe, manchmal sogar regelrechte Schieferkathedralen, mit einer Säure, die den Weinen Rückgrat für die Zukunft gibt. Wer es etwas sanfter liebt, der wird mit den halbtrockenen Exemplaren glücklich werden – ihre natürliche Restsüße puffert die Säure perfekt ab. Hinter jedem großen Mann steht eine starke Frau: Ulrike Weingart hält ihrem qualitäts- und arbeitsbesessenen Mann Florian den Rücken frei. Auch das kann eine unabdingbare Voraussetzung für Qualität sein.

Rheingau

Kleines, aber kompaktes Gebiet zwischen Wiesbaden und Rüdesheim. Sowohl feste Rieslinge von den tiefgründigen Lehmböden als auch verspielte und filigrane aus den Schieferteillagen. Auch ein paar Spätburgunder der Extraklasse. Rund 25 Spitzenerzeuger.

Weingut Leitz
Theodor-Heuss-Straße 5, 65385 Rüdesheim
Tel. (0 67 22) 4 87 11, Fax 4 76 58
www.leitz-wein.de

Das Weingut liegt am Rande des berühmt-berüchtigten Rüdesheim, das von regelrechten Touristenlawinen heimgesucht wird. Mit dem Rheingau hat dieses Rüdesheim nicht viel zu tun, im Ortskern regiert der Ganzjahreskarneval – und oben über dem Trubel produziert Johannes Leitz seine einzigartigen Elixiere.

Rheingau ist Riesling. Johannes Leitz ist Riesling. Aber Leitz ist nicht nur trockener, sondern auch leicht restsüßer Riesling, so einer, der mit einem feinen Fingerschnippen endet. Johannes Leitz´ Weine haben Charakter und eine sinnliche Harmonie, die sich wie ein roter Faden durch seine ganze Kollektion zieht. Johannes Leitz über seine Weine reden zu hören ist faszinierend, denn er spricht nicht nur über seine Hoffnungen und Erwartungen, sondern auch über seine Zweifel. Außerdem gibt es wenige Winzer, die so verbissene Weinbergsenthusiasten sind wie er. Ein Teil seiner Weine stammt aus den tiefgründigen Lagen im Osten von Rüdesheim, der Rest aus den Schieferteillagen des Rüdesheimer Bergs.

Weingut Johannishof

Grund 63, 65366 Johannisberg
Tel. (0 67 22) 82 16, Fax 63 78
www.weingut-johannishof.de

Seit vielen Jahren gehört das Weingut der Familie Eser zur qualitativen Spitze im Rheingau. Dem berühmten, qualitativ aber schwächelnden Weingut Schloss Johannisberg hat es schon die Rücklichter gezeigt. Wie ein träger Supertanker mutet dieser Großbetrieb im Vergleich mit der Vitalität und Eleganz der Johannishof-Rieslinge an.

Weingut Hans Lang

Rheinallee 6, 65347 Eltville-Hattenheim
Tel. (0 67 23) 24 75, Fax 79 63
www.weingut-hans-lang.de

Hans Lang bleibt dem großen Holzfass treu – das kommt seinen eleganten und feinen Rieslingen zugute, die in jeder Qualitätsstufe brillieren. Außerdem hat dieser Mann einen angenehmen Charme und ist nicht eines dieser kauzigen Rheingauer Raubeine.

Rheinhessen

Großes Gebiet zwischen Mainz und Worms. Exzellente Rieslinge im Niersteiner Raum auf roten Tonschieferböden – etwa 10 bis 15 Topwinzer. Im übrigen Gebiet sorgen einzelne engagierte Betriebe für frischen Wind. Dort wächst Weißer und Grauer Burgunder und seltener auch Chardonnay auf tiefgründigen, fetten Böden. Und natürlich Riesling, wie es sich gehört.

Weingut J. u. H. A. Strub

Rheinstraße 42, 55284 Nierstein
Tel. (0 61 33) 56 49, Fax 55 01
www.strub-nierstein.de

Walter Strubs Weine sind vor allem für diejenigen interessant, die wissen wollen, was Nierstein weltberühmt gemacht hat: der Geschmack des roten Bodens! Die Süße! Und die exotische Obstkiste!! Strub ist Riesling, Strub ist süß. Das bizarre Mineral seiner Weine, die ölige Viskosität und die verführerisch herbe Süße, das alles tragen seine Spät- und Auslesen vom Roten Hang in sich. Wir lieben seinen Hipping, seinen Ölberg. Walter Strub ist im besten Sinne des Wortes ein Spezialist. Ein Spezialist für Klassiker.

An der Rheinfront gibt es eine lange Tradition, Rieslinge restsüß auszubauen, weil so das phantastische Terroir des roten Sandsteins voll zur Geltung kommt. Grundsätzlich sind die Rieslinge vom Roten Hang in der Jugend kraftvoll, mächtig und opulent und durchleben im Alter eine bizarre Metamorphose. Auf keinen Fall verpassen.

Weingut Posthof Doll&Göth
Kreuznacher Straße 2, 55271 Stadecken-Elsheim
(0 61 35) 30 00, Fax 60 01
www.doll-goeth.de
Superqualität zum Freundschaftspreis. Die Burgunder sind
ohne Fehl und Tadel, und auch die Rieslinge können sich
sehen lassen.

Ohlersches Weingut Rheinhessen
Gaustraße 10, 55411 Bingen
Tel. (0 67 21) 1 48 07, Fax 1 42 11
Bernhard Becker produziert großartige Rieslinge aus dem
Binger Scharlachberg – wie zu jenen Zeiten, als diese Lage
noch kein Synonym für billigen Weinbrand war. Der Scharlachberg mit seinem roten Tonschiefer ist eine weinkulturell
bedeutungsvolle Immobilie, auch wenn Bernhard Becker
darüber schweigt. Er kümmert sich lieber um seinen gelieb-
ten Scharlachberg – typisch Einzelkämpfer. Wenn Becker
spricht, kommen seine Worte nur ganz langsam, aber
gleichmäßig über die Lippen, dabei schmiedet er jede einzelne Silbe im schönsten Binger Dialekt: „Isch tät maal saa-
che, gell, der forzelt noch so e bissche vor sich hin!" (Becker
spricht hier von einer abklingenden Gärung.) Sein Riesling
aus dem Scharlachberg ist etwas für den Ganzjahresge-
brauch. Sein Grauburgunder zeigt sich kraftvoll, cremig,
rauchig, speckig. Ebenfalls ideal zum täglichen Brot.

Pfalz

Im nördlichen Teil zwischen Worms und Neustadt an der Weinstraße dominiert der Riesling auf nährstoffreichen Böden. Kompakt, kräftig und trotzdem geschmeidig. Vereinzelt gute Rotweine und Burgunder. Im Süden zwischen Landau und Neustadt an der Weinstraße die besten Spät-, Weiß- und Grauburgunder. Auch Gewürztraminer, Muskateller und Chardonnay von Format. Insgesamt 25 Topbetriebe, auf die Verlass ist.

Weingut Münzberg
Hofgut, 76829 Landau-Godramstein
Tel. (0 63 41) 6 09 35, Fax 6 42 10
www.weingut-muenzberg.de

Das Weingut Münzberg ist ein Ort zum Wohlfühlen. Die Kesslers machen Wohlfühlweine, die so sympathisch sind wie Rainer, Gunter und Lothar Kessler. Die drei von der Tankstelle in Godramstein arbeiten an unserer Lieblingszapfsäule – der Weißburgunder hat hier mindestens 98 Oktan! Das ist Treibstoff der Extraklasse. Im Weingut Münzberg ist alles unkompliziert: das Entree, die Menschen, das Weintrinken, der Prospekt, die Weine. Zum Wohlfühlen halt.

Weingut Weegmüller
Mandelring 23, 67433 Neustadt-Haart
Tel. (0 63 21) 8 37 72, Fax 48 07 72
www.weegmueller-weine.de

Rosen blühen im Keller, wenn bei der Vollblutwinzerin Stefanie Weegmüller der Gewürztraminer gärt. So muss der Nektar schmecken, den Zeus seinen Götterkollegen auf dem Olymp serviert. Und wer in der Lage ist, einen Gewürztraminer so zu formen, macht selbstredend noch mehr guten Wein: Weißen Burgunder, Grauburgunder und prächtige Scheureben.

Weingut Biffar

Niederkirchener Straße 13, 67146 Deidesheim
Tel. (0 63 26) 96 76 29, Fax 96 76 11
www.biffar.com

Die Biffar'schen Rieslinge sind durch und durch fein geschliffen, typisch pfälzisch voluminös, dabei aber voller In-
dividualität und Kraft. Hier werden Rieslingfans glücklich,
die universelle Essensbegleiter suchen.

Weingut Hans-Jürgen Doll

Hauptstraße 34, 76889 Gleiszellen-Gleishorbach
Tel. (0 63 43) 29 18, Fax 35 65
www.weingut-doll.de

In Deutschland ist der Muskateller fast ausgestorben. In
ganz Deutschland? Nein, es gibt ein kleines pfälzisches Dorf
nahe der französischen Grenze, das erbitterten Widerstand
leistet! Unglaubliche 18 Prozent der deutschen Muskateller-
Gesamtanbaufläche befinden sich in Gleiszellen-Gleishorbach. Und von diesen 18 Prozent gehört ein kleines Stück
der Familie Doll. Die südpfälzischen Dolls sind eine echte
Entdeckung und ihr Muskateller ist köstlich. Der Wein ist
ein perfekter Aperitif, liebt Sauerkraut und passt gut zu
Käse, besonders zu Münster mit Kümmel. Der opulente
Gewürztraminer sattelt noch eins drauf und betört durch
seinen Rosenduft und die herbe mineralische Tiefe. Das
Ganze zu liebenswürdigen Preisen.

Franken

Im attraktiven Maintal zwischen Aschaffenburg und Würz-
burg wachsen die besten Silvaner Deutschlands und bemerkenswerte Rieslinge auf Muschelkalk- und Sandsteinböden.
Etwa 15 klasse Erzeuger. Vereinzelt Spätburgunder. Kaum
Schunkeltourismus, kein Winzergyros.

Weingut Rudolf Fürst
Hohenlindenweg 46, 69327 Bürgstadt
Tel. (0 93 71) 86 42
www.weingut-rudolf-fuerst.de

Aus Franken kommt Silvaner. Vor allem, wenn er von diesem Weingut stammt, aus den Händen von Paul Fürst, dann
ist er perfekt – schnörkellos und geradeaus. Geerntet, ge-
presst, vergoren. Alles ohne Allüren. So arbeitet einer, der
den Durchblick hat, der weiß, was möglich ist. Das ist schon
etwas ganz Besonderes. Besonders auch der Riesling. Oder
die Buntsandsteinterrassen, ein gemischter Satz aus Riesling
und Silvaner. Die Methode, mehrere Sorten zusammen zu
pflanzen und gemeinsam zu vinifizieren, ist fast ausgestorben. Ebenso außergewöhnlich auch der Weißburgunder, ob
mit oder ohne Holz, vor allem aber die Rotweine dieses Ge-
nies. Paul Fürst haut einen Donnervogel nach dem anderen
raus – sie heißen Parzifal, Spätburgunder, Frühburgunder.
Wenn Sie die nicht probieren, werden wir dafür sorgen, dass
Ihnen die bürgerlichen Ehrenrechte aberkannt werden.

Weingut Schmitt's Kinder
Am Sonnenstuhl, 97236 Randersacker
Tel. (09 31) 7 05 91 97, Fax 7 05 91 98
www.schmitts-kinder.de

Wer wissen will, wie fein Silvaner und Riesling aus dem
Bocksbeutel sein können, ist hier an der richtigen Adresse:
modern vinifizierte, fruchtbetonte Weine, die wunderbar
zum Wegpicheln und hervorragende Essensbegleiter sind.

Weingut Stich
Freudenberger Straße 73, 63927 Bürgstadt
Tel. (0 83 71) 57 05, Fax 8 09 73
www.weingut-stich.de

Franken ist immer wieder für eine Überraschung gut. Einige werden den Weinort Bürgstadt und das Weingut Fürst bereits kennen. Doch neben dem erlebenswerten Weinhaus zum Stern mit seiner grandiosen Küchenleistung hat Bürgstadt noch mehr zu bieten. Das Weingut Stich bietet eine absolut homogene Kollektion: Vom Müller-Thurgau aus der Literflasche bis hin zum Spätburgunder aus dem großen Holzfass ist alles tipptopp.

Weingut Trockene Schmitts
Maingasse 14 a, 97236 Randersacker
Tel. (09 31) 70 04 90, Fax 70 82 22
www.durchgegorene-weine.de

Bruno Schmitt ist ein Mann mit Prinzipien, einer der wenigen Winzer, die das Wort trocken noch ernst nehmen. Seine Silvaner und Rieslinge sind keine Zugeständnisse an den Zeitgeist – im Gegenteil, erst nach ein, zwei Jahren sind sie auf dem Höhepunkt. Dann entfalten sie ihre ganze Kraft und den unvermittelten Ausdruck des fränkischen Kalkbodens. So wie sein mineralischer Silvaner, der mit seinem feinen Fruchtsäurespiel ein universeller Essensbegleiter ist. Bruno Schmitt weiß, dass sein Weg nicht einfach ist: „Meine Weine wollen entdeckt werden", sagt er. Sie werfen sich einem nicht einfach an den Hals wie die populären süßfruchtigen Dinger.

Baden

Klimatisch inhomogenes Weinbaugebiet zwischen Heidelberg und Basel. Das Sortenspektrum ist breit gefächert und wechselt von Ort zu Ort. Am Kaiserstuhl Vulkanverwitterungsböden und Lößlehm mit Topburgundern (weiß und rot), auch Muskateller und Gewürztraminer. Rund 20 Spitzenbetriebe.

Weingut Salwey
Hauptstraße 2, 79235 Oberrotweil
Tel. (0 76 62) 3 84, Fax 63 40
www.salwey.de
Grauburgunder, Weißburgunder, Spätburgunder. Dieses Trio zeigt sich hier von der besten, badisch kraftvollen, dabei aber filigranen Seite – egal, ob die Weine von Lößlehmböden stammen oder auf vulkanischem Gestein gewachsen sind.

Weingut Bernhard Huber
Heimbacher Weg 19, 79364 Malterdingen
Tel. (0 76 44) 12 00, Fax 82 22
weingut-huber-malterdingen@t-online.de
Dies ist einer der besten Spätburgunderproduzenten Deutschlands. Wer wissen will, wie großartig Pinot noir sein kann, der muss sich hier eindecken. Schon der einfachste Spätburgunder zeigt enormes Format. Allesamt Weine, die perfekt zum Essen passen, wahre Universalisten. Unbedingt ein paar Stunden vorher dekantieren.

Württemberg

Im Großraum Stuttgart ein Weininselreich entlang dem Neckar mit viel Durchschnitt und rund 10 Spitzenbetrieben. Erstaunliche Rotweinkultur (Spätburgunder und Lemberger), interessante Cuvées. Vorsicht bei Trollinger und Schwarzriesling.

Weingut Wöhrwag
Grunbacher Straße 5, 70327 Untertürkheim
Tel. (07 11) 33 16 62, Fax 33 24 31
www.woehrwag.de

Lassen sie sich kein X für ein U vormachen, wenn Sie mit Trollinger (eine Rotweinwitzfigur) in Kontakt kommen. Außer bei Hans-Peter Wöhrwag. Bei ihm ist der Trollinger ein erwachsener Wein, weil er nicht wie die meisten württembergischen Kollegen rücksichtslos von der so genannten Maischeerhitzung Gebrauch macht, die den Trollinger penetrant nach gekochter Erdbeermarmelade schmecken lässt. (Die Maische, also der unvergorene Traubenmost, wird mit dieser brutalen Technik auf 60 bis 80 Grad erhitzt.) Im Weingut Wöhrwag findet man auch den Lemberger, einen hochwertigen, fruchtigen Rotwein mit Format, sowie gute Rotweincuvées – eine echte Spezialität aus Württemberg. Die Weißweine – Riesling und Weiße Burgunder – gehören zu den besten Württembergs.

Weingut Graf Adelmann
Burg Schaubeck, 71711 Kleinbottwar
Tel. (0 71 48) 92 12 20, Fax 9 21 22 25
www.graf-adelmann.com

Die Burg ist sehenswert – die Weine lohnen den Besuch nicht minder. Elegante Rotweincuvées sind die Spezialität von Graf Adelmann.

Österreich

Entlang der Donau – in der schönen Wachau – und in den Seitentälern Kremstal und Kamptal wächst Weltklassewein. Dort arbeiten Winzer, die das Beste aus Riesling und Grünem Veltliner herausholen. In der Steiermark ist es hügelig, die Weinberge liegen bis zu 500 Meter hoch. Deshalb entstehen dort säurebetonte, absolut mineralische und hocharomatische Weine. Vor allem Sauvignon blanc und Weißburgunder, aber auch Chardonnay (hier Morillon genannt – *die spinnen, die Österreicher!).* Im Burgenland wiederum ist das Klima rund um den Neusiedlersee ideal für edelsüße Spezialitäten und Rotweine. Im Mittel- und Südburgenland nimmt die Rotweindichte deutlich zu. Immer mehr gute Erzeuger liefern perfekte Rotweine aus der Rebsorte Blaufränkisch sowie rote Cuvées.

Steiermark

Weingut Schneckenkogler
Graßnitzburg 14, 8471 Spielfeld
Tel. +43-(0)34 53-41 26, Fax 49 36

Klaus Prünte leitet dieses steirische Weingut, das ganz im Trend der aufstrebenden Region liegt. Er erzeugt Sauvignon blanc, Chardonnay und Traminer, die immer elegant und fein ausfallen – selbst in weinbaulich schwierigen Jahren. Geschmackvoll und auffällig gestaltete Etiketten sowie hochinteressante Hausprospekte und Jahrgangsinformationen gehören zum Stil des Hauses. Grundsolide Weine, liebenswürdige Menschen.

Burgenland

Weingut Peter Schandl
Haydngasse 3, 7071 Rust
Tel. +43-(0)26 85-2 65, Fax 26 54
In Peter Schandls wunderschöner Buschenschank mitten in Rust gibt es richtig gutes Essen. Diese gastronomische Einrichtung wird von seiner Frau geführt. Allein die Tischdecken sind schon eine Reise wert: echter Blaudruck aus der letzten Blaudruckerei Österreichs. Beim Futtern kann man die Weine von Peter Schandl rauf und runter probieren, von Gewürztraminer bis Pinot noir, von trocken bis elysisch süß – der Mann kann praktisch alles. Die Entscheidung, welche Weine man kauft, dürfte dadurch allerdings nicht leichter fallen. Sie sind durch die Bank genial.

Weingut Prieler
Hauptstraße 81, 7081 Schützen am Gebirge
Tel. +43-(0)26 84-22 29, Fax 2 22 94
prieler@aon.at
Noch ein Burgenländer, der was auf dem Kasten hat. Geschmack, ästhetisches Empfinden und ein verdammt gutes Händchen für jenen Stoff, der aus Trauben gemacht wird. Rundum sympathisch. Weißburgunder vom Feinsten und alle roten Lokal- und Regionalsorten, die das Burgenland zu einer ersten Adresse für superben Rotwein gemacht haben: Blaufränkisch und Zweigelt in allen Varianten. Nach der Weinprobe, die an keinem spurlos vorbeigehen dürfte (die Weine sind ergreifend gut), sollte man im Taubenkogel (Restaurant der österreichischen Oberliga) ein paar feste Brennstoffe zu sich nehmen. Der Mann kann kochen! Außerdem gibt es dort Prielers Weine – wegen des Trennungsschmerzes.

Weingut Gangl
Schrändlgasse 50, 7142 Illmitz
Tel. +43-(0)0 21 75-32 07

Es haut uns immer wieder aus den Socken, dass es Winzer wie Josef Gangl gibt, die sich (fast) ganz dem edelsüßen Wein verschreiben. Unterhalb des Prädikats Auslese füllt er praktisch nichts in die Flasche! Vor allem seine exzentrischen Beerenauslesen und Eisweine sind Spitze und gleichzeitig sagenhaft günstig. Es ist immer ein Vergnügen, mit Josef Gangl zu probieren, seine Weine sind so ungewöhnlich und dabei doch ganz und gar selbstverständlich.

Weingut Beck
Untere Hauptstraße 108, 7122 Gols
Tel. +43-(0)0 21 73-27 55, Fax 2 75 54
weingut.beck@aon.at

Die Becks sehen sich selbst vor allem als Weißweingut. Für uns ist der Rotwein jedoch mindestens gleichrangig, denn neben dem faszinierend nussigen Neuburger, einer österreichischen Weißweinspezialität, und den feingliedrigen Weißweincuvées machen Matthias und Christine Beck sublime Rotweine – Zweigelt, Blaufränkisch und verschiedene Rotweincuvées. Sie bieten damit zwar das typische Programm trockener Weine vom Neusiedlersee, aber so fein wie hier findet man es selten auf den Punkt gebracht.

Winzerkeller Neckenmarkt
Harkauer Weg 2, 7311 Neckenmarkt
Tel. +43-(0)26 10-4 23 88, Fax 4 23 88-4
www.winzerkeller.at

Vor kurzem haben die verpennten Genossen vom Winzer-
keller Neckenmarkt im verschlafenen Burgenland ihren Py-
jama gegen einen Businessanzug getauscht. Die Genossen
liefern kerngesunde und konzentrierte Trauben der Sorten
Blaufränkisch und Zweigelt – Alois Kracher (einer der an-
gesehensten Weinmacher des Landes) steuert als Berater
heiße Tipps für die Weinbergsarbeit bei und koordiniert das
Feintuning im Keller. Das Ergebnis dieser Liaison sind Rotweine, die souverän mit prallen, fleischigen Schwarzkir-
schen, einem Touch Rumtopf, frischem Wacholder und
Nelken locken, aufgelockert durch ein elegantes Frucht-
Säure-Spiel, durchzogen von schmeichelnder Finesse und
abgerundet mit genialem Schmelz.

Kremstal

Weingut Mantlerhof
Hauptstraße 50, 3494 Gedersdorf
Tel. +43-(0)2 73-82 48, Fax 5 82 48-33
mantlerhof@aon.at

Josef Mantlers Weingut liegt im Kremstal, einer Region, in
der die Reben auf eindrucksvollen Lößhängen wachsen.
Grüner Veltliner, Riesling, Chardonnay und die Spezialität
Roter Veltliner erreichen hier Qualitäten, die internationale
Maßstäbe setzen. Mantlers Weine sind unglaublich kraftvoll, dabei verfügen sie über eine ziselierte Säure, die ihnen
eine federnde Eleganz vermittelt: Träume werden wahr.

Kamptal

Weingut Fred Loimer
Ziegelofengasse 12, 3550 Langenlois
Tel. +43-(0)27 34-22 39, Fax 2 23 94
www.loimer.at
Fred Loimer ist ein großartiger Weinmacher, der neue Wege
geht. Sein Weingut ist eine Art architektonische Blackbox,
eine hypermoderne Kaaba des Weins – aber unter ihr liegt
ein wunderschöner Keller aus dem 17. Jahrhundert. Das
Gut liegt im Kamptal – rund 80 km von Wien entfernt.
Loimer ist ein Veltliner-Spezialist, der das Beste aus dieser
großartigen Rebsorte herausholt. Phantastischer Winzer,
brillante Weine. Muss man kennen.

Wachau

Domäne Wachau
Freie Weingärtner Wachau, 3601 Dürnstein
Tel. +43-(0)27 11-3 71, Fax 3 71 13
www.fww.at
Dass Genossen nicht nur Durchschnittsweine produzieren,
zeigen die freien Weingärtner der Wachau seit langem. Ihre
Genossenschaft gehört zu den qualitativ führenden Erzeugern Österreichs und zu den besten Kooperativen überhaupt. Die Weine wachsen überwiegend auf den kargen Ur-
gesteinsböden entlang der Wachau: Riesling wie Grüner
Vetliner zeigen hier ihre ganze Größe.

Schweiz

Wo es den Kühen zu steil ist und den Skifahrern zu flach, da stehen Reben. Die Weinlandschaft Helvetiens ist ein Patchwork mit vielen kleinen Weinenklaven. Die Schweizer trinken ihren Wein mit reichlich Lokalpatriotismus weitestgehend selbst weg – es gelangt kaum etwas ins Ausland. Das ist schade, denn die Schweiz ist ein spannendes Weinland.

Weingut Baumann
Unterdorf 117, 8216 Oberhallau
Tel. +41-(0)52-6 81 33 46, Fax 6 81 33 56
www.baumannweingut.ch
Fahren Sie in den Kanton Schaffhausen. Gehen Sie zu Ruedi Baumann, da kriegen Sie guten Wein für Ihre harten Fränkli: Pinot noir (heißt hier Blauburgunder), Müller-Thurgau und Chardonnay. Baumann zeigt das Potenzial seiner Region, indem er nicht die sonst üblichen, eher einfachen Basisweine produziert, sondern sich um echte Qualität bemüht: durch Holzfass- und Barriqueausbau. Dieser Mann verzettelt sich nicht, er konzentriert sich auf das Wesentliche und setzt vor allem auf den Spätburgunder, der bei ihm mit 80 Prozent den Löwenanteil stellt.

Domaine La Colombe, Raymond Paccot
La Colombe, 1173 Féchy VD
Tel. +41-(0)21-8 08 66 48, Fax 8 08 52 84
Im Oktober ist es am Genfer See herrlich: Die Rebberge fallen praktisch in den See und der Blick reicht oft bis zum Mont Blanc. Fast überall wächst Chasselas, nur ab und zu auch ein wenig Pinot gris und eine Hand voll lokaler Rebsorten. Es sind Mittelklasseweine mit Klasse, die man bei den besseren Erzeugern findet und die auch ohne übersteigerten Lokalpatriotismus richtig gut schmecken.

Frères Phillipoz
Route de Riddes 13, 1912 Leytron VS
Tel. +41-(0)27-3 06 30 16, Fax 3 06 71 33

Das Wallis ist das größte Weinanbaugebiet der Schweiz, Insider nennen es ehrfurchtsvoll das Kalifornien Helvetiens. Und es ist eine der atemberaubendsten Weinbauregionen, die wir kennen. An den Steilhängen des Rhônetals ist der Teufel los! Es ist ein kleines Wunder, wie die Menschen der Natur die Weinbauflächen abgerungen haben. Bei manchen Erzeugern spürt man das Potenzial der Region in jedem Schluck. Bei den Brüdern Phillipoz lieben wir die Petite Arvine mit ihren leicht salzigen Nuancen im Geschmack und die mineralischen Fendants.

Südtirol

Peter Pliger, Kuenhof
Loc. Mara 110, 39042 Brixen
Tel. und Fax +39-04 72-85 05 46

Peter Pliger ist ein Autodidakt. Ihm gehört ein kleines, feines Weingut mit kleinen, feinen Rebflächen, die ungewöhnlich hoch über dem Eisacktal liegen. Er kultiviert ausschließlich Weißwein und ist ein Meister in der Kunst des Holzfassausbaus. Pligers Sylvaner, Veltliner und Rieslinge gehören zu den schönsten Italiens.

Klosterkellerei Neustift
Abtei Neustift, 39040 Vahrn bei Brixen
Tel. +39-04 72-83 61 89, Fax 83 73 05
www.kloster-neustift.it

Die Weißweine aus dem Klosterstift gehören zu den nördlichsten Italiens, deshalb fallen sie wunderbar kristallin aus: Gewürztraminer, Weißburgunder, Chardonnay, Sylvaner und Rosenmuskateller – allesamt auf hohem Niveau. Unbedingt das Stift, die Kirche und das Museum ansehen! Die Weine gibt's auch im klostereigenen Verkaufsraum.

Franziskus Haas
Via Villa 6, 39040 Montan
Tel. +39-04 71-81 22 80, Fax 82 02 83
Info@franz-haas.it

Ein brillanter Winzer und selbstkritischer Mensch. Vielleicht sind seine Weine deshalb so kompromisslos gut: Traminer, Weißburgunder, Chardonnay und erst recht die geniale Weißweincuvée Manna. Ein Volltreffer. Der Pinot nero gehört zu den besten Italiens.

Schwanburg
Via Schwanburg 16, 39010 Nals
Tel. +39-04 71-67 86 22, Fax 67 84 30

Der entschlossene Dieter Rudolph leitet diesen Traditionsbetrieb, in dem schon vor hundert Jahren Cabernet Sauvignon produziert wurde. Auch die Weißweine sind exzellent: die Cuvée Bianco, Muskateller, Weißburgunder, Sauvignon blanc und ein extraterrestrisch guter Rosenmuskateller.

Alois Lageder
Via dei Conti, 39040 Magreid
Tel. +39-04 71-80 95 00, Fax 80 95 50

Vor dem Grandseigneur des Südtiroler Weins ziehen wir den Hut. Seine Weißweine treffen genau ins Schwarze, sie sind perfekt balanciert zwischen Konzentration und Eleganz: Weißburgunder, Sauvignon, der Chardonnay Löwengang. Ebenso die Roten: Cabernet Löwengang, Cor Römiberg und der leichtfüssige Pinot-Nero Krafuss. Sie sind ein meisterhafter Ausdruck des Südtiroler Terroirs.

Einkaufstipps – Weinversand

Harald L. Bremer
Efeuweg 3, 38104 Braunschweig
Tel. (05 31) 23 73 60, Fax 37 30 22
www.bremerwein.de

Bremer ist seit vielen Jahren im Geschäft. Dieser Versand hat
sich auf eine überschaubare und solide Auswahl an italienischen Weinen spezialisiert. Jeder Wein wird den Kunden im
Katalog anmoderiert. Bremer versucht dabei, die Aura seiner Weine zu beschreiben – etwas, das die meisten anderen
Weinhändler nicht für nötig halten. Das ist wirklicher
Dienst am Kunden. Bremer hat übrigens hervorragende
Weingläser im Programm: Spitzenqualität zu Dumping-
preisen.

Mövenpick Weinland
Brennaborstraße 5, 44149 Dortmund
Tel. (02 31) 9 65 15 60, Fax 96 51 56 33
www.moevenpick-weinland.de

Mövenpick klingt immer nach Nobel-Autobahnraststätte
mit olivgrünen/orangebraunen Bodenfliesen und Geschnet-
zeltem … Aber diesen Charme atmet das Weinland Mövenpick ganz und gar nicht. Es handelt sich um einen Weinversand mit 7 Niederlassungen in Deutschland. Mövenpick
hat eine nahezu erschlagende Weinauswahl. Wer Spitzen-
wein aus Deutschland, Österreich und Frankreich sucht –
hier wird er bestimmt fündig.

K&U, die Weinhalle – Gebr. Kössler & Ulbricht

Nordostpark 78, 90411 Nürnberg

Tel. (09 11) 52 51 53, Fax 5 29 88 74

www.weinhalle.de

Wer etwas Grundsätzliches über Wein lernen will, aber auch erfahren möchte, worum es aktuell geht, der ist bei Kösslers Katalog richtig aufgehoben. Jedes Weinbaugebiet, jeder Winzer und jeder Wein bekommt einen pointierten Auftritt. Jede Zeile geschliffen, mit Inbrunst verfasst. Das macht nicht nur Lust, das ist sinnvoll und wichtig. Kössler konzentriert sich: Er legt den Schwerpunkt auf Frankreich und die USA, zunehmend aber auch auf – man höre und staune – Deutschland und Österreich.

N + M Weine

Martinstraße 88, 41063 Mönchengladbach

Tel. (0 21 61) 18 13 16, Fax 2 02 91

www.n-und-m-weine.de

Wer Klassiker aus dem Burgund sucht, ist bei N+M gut aufgehoben. Hier gibt es eine breite Palette kleiner Erzeuger. Auch von der Rhône, aus Spanien und Italien ist die Auswahl ansehnlich. Ein weiterer Schwerpunkt liegt in Übersee: Australien und Kalifornien. N+M hat viel Wein im Programm, der sich wirklich lohnt. Der Spaß beginnt in der Regel bei 15 Euro.

Jacovin Weinhandel

Am Sandberg, Postfach 1209,

6322 Völklingen-Ludweiler

Tel. (0 68 98) 5 45 20, Fax 43 95 29

Info@bernhard-jacob-gmbh.de

Dieser Weinhandel hat sich auf Direktimporte aus Frankreich und ein wenig Italien spezialisiert. Die interessante Weinauswahl ist ausgesprochen preiswürdig.

Rindchens Weinkontor
Ellerhorst 1, 25474 Bönningstedt
Tel. (040) 5 56 20 20, Fax 55 62 02 20
www.rindchen.de

Gerd Rindchen ist ein sympathischer Weinfreak. Seine Weinauswahl und die Kataloge sind das Lesenswerteste, was in Deutschland an kommerzieller Weinliteratur existiert. In den Angeboten zu stöbern und dabei Rindchens Neuentdeckungen nachzuspüren, ist immer ein Vergnügen. Zum Teil bietet der rastlos reisende Rindchen atemberaubende Sonderangebote an, die er auf seinen unentwegten Touren aufgetrieben hat.

HALLWAG ist ein Unternehmen des
GRÄFE UND UNZER VERLAGS, München,
GANSKE VERLAGSGRUPPE

hallwag-leserservice@graefe-und-unzer.de

Projektleitung: Marc Strittmatter
Programm- und Verlagsleitung: Dorothee Seeliger
Lektorat: Eva Meyer
Gestaltung Cover und Innenlayout:
FUENFWERKEN DESIGN AG, Wiesbaden
Alle Fotos: FUENFWERKEN DESIGN AG, Wiesbaden
Foto Umschlagrücken: Gaby Gerster/laif

Herstellung: Maike Harmeier
Satz: UMP Utesch Media Processing GmbH, Hamburg
Druck und Bindung: L. Auer, Donauwörth

ISBN 3-7742-6366-3

Auflage 5. 4. 3. 2. 1.
Jahr 08 07 06 05 04

Ein Unternehmen der
GANSKE VERLAGSGRUPPE